U0665986

作者简介

王晓彦 1983年生，山西省阳泉人。2011年6月毕业于吉林大学商学院，获管理学博士学位；2011-2014年于中国人民大学从事博士后研究工作。现为苏州科技大学商学院讲师。主要研究方向为消费者行为学、商品流通、零售学。主持及参与了国家级和省部级社科项目8项。已出版专著有《店铺认同与店铺印象的一致性研究》，在《财贸经济》《中央财经大学学报》等国内核心学术期刊发表论文二十余篇。

胡德宝，1983年生，湖北省安陆人。中国人民大学商学院经济学博士、工商管理博士后，美国佐治亚理工大学访问学者；现为中国人民大学国际学院副教授。主要研究方向为产业经济学、金融风险管理。主持国家及省部级课题2项，参与国家社会科学基金重大和重点课题在内的国家级课题6项。在《金融研究》《中国软科学》《国际金融研究》等核心期刊发表论文近30篇，出版专著5部。

王晓彦　胡德宝◎著

中国城镇居民文化消费行为研究

人民日报学术文库

人民日报出版社

图书在版编目（CIP）数据

中国城镇居民文化消费行为研究／王晓彦，胡德宝
著 . —北京：人民日报出版社，2017. 11
ISBN 978 - 7 - 5115 - 5037 - 8

Ⅰ . ①中… Ⅱ . ①王…②胡… Ⅲ . ①城镇—居民消
费—行为—研究—中国 Ⅳ . ①F126. 1

中国版本图书馆 CIP 数据核字（2017）第 253507 号

书　　名：中国城镇居民文化消费行为研究
著　　者：王晓彦　胡德宝

出 版 人：董　伟
责任编辑：宋　娜
封面设计：中联学林

出版发行 人民日报出版社

社　　址：北京金台西路 2 号
邮政编码：100733
发行热线：(010) 65369509　65369846　65363528　65369512
邮购热线：(010) 65369530　65363527
编辑热线：(010) 65369844
网　　址：www. peopledailypress. com
经　　销：新华书店
印　　刷：三河市华东印刷有限公司

开　　本：710mm × 1000mm　1/16
字　　数：130 千字
印　　张：12
印　　次：2018 年 1 月第 1 版　　2018 年 1 月第 1 次印刷

书　　号：ISBN 978 - 7 - 5115 - 5037 - 8
定　　价：68. 00 元

前　言

　　城市作为人类相互联系、聚集、居住的产物，是人类文明的重要标志。随着时代的发展，城市从制造业中心和有形产品集散地，发展为以知识产出为标志的非物质产品生产中心；也已经从商贸城市、工业城市为表现特征的阶段发展到以文化城市、创意城市为表现特征的新都市主义阶段。

　　在新的城市发展中，文化消费的繁荣不仅成为城市发展和繁荣的特征，更是城市继续发展的重要驱动力，也是我国未来实现消费升级的关键。根据发达国家的发展经验和现代经济发展趋势，当人均 GDP 超过 1000 美元时，社会将会对农业初级产品和工业消费品以外的产品产生新的需求，人们对文学、艺术、教育、科学等方面的支出和消费活动将大为增加，文化消费需求将进入膨胀期。目前，我国各地区人均 GDP 均已超过了这个数值，人均 GDP 最低的甘肃省 2016 年已达到人均 GDP 为 27508 元。可见，我国整体上已经从原来的满足于基本生存需要的低层次消费向高层次消费升级。

　　本书分别在深入分析文化及消费与城市发展关系的理论基础上，剖析了国外发达国家城市的经验和模式，将研究落脚在城镇居民消费动机上。因此，结合中国经济转型中城镇居民面临的不确定性，通过实证研究剖析了中国居民消费不振、文化消费过低的制度性因素。本书还多角度分析了中国城镇居民文化消费的现状及影响因素，并以北京为例对北京文化产业发展水平建立评价指标体系进行了评估。

　　通过评价发现，在中国所有城市中，北京作为一个拥有悠久历史文化和皇城文化资源的古都以及当代中国的政治、文化中心，在文化发展中具有独特优势，但同时也存在文化体制改革不到位、创意不足等制约条件。北京文化消费和文化产业发展的 SWOT 分析，为其他城市发展文化产业、提升居民文化消费水平提供了很好的案例，为它们取长补短提供了样本。

　　最后，本书以北京市居民对古典音乐的消费情况进行分析，可以发现北京在文化消费方面仍有很大的挖掘潜力，因此北京市应通过多种举措大力发展居民的文化消费。

目　录
CONTENTS

第一章

绪　论

随着城市的发展与经济的繁荣，文化消费的兴起与发展是必然的结果。理论研究遵循着理论为实践服务的原则，发展到一定阶段后映射与抽象现实实践。

国内文化消费研究的兴起与消费经济学密切相关，其初始提法为精神文化消费，以相承于马克思的精神生产力理论，即消费者为满足自身精神文化需要而消费文化产品的能力。在具体的研究中，学者们注重于剖析此种精神文化消费的内容及层次。研究的结论因对"文化"界定的维度不同而有所差异。按照狭义文化论的理解，文化消费的内容是指以文学艺术为主体的音像出版物及与此相关的文艺服务等内容。按照广义的文化论的理解，又可将文化消费理解为个体因满足文化生活的需要而对物质和劳务的消费，该种文化生活的需要主要包括教育培训、娱乐休闲、文化艺术以及精神追求等内容。但文化消费概念及内容的研究，仅是文化消费研究的表层部分，而关于文化消费动因及其演化路径的研究，才是文化消费研究的核心所在。在目前的研究中，国内学者虽然提出了文化消费与社会个体的价值观、审美观及兴趣爱好有关，但却未能深入探讨文化消费与以上相关因素间的影响关系大小，并缺乏定量分析方法的应用，该情况的出现也可能与文化消费的研究主题有关。文化这一概念本身所承载的社会学意义，以及定量分析法在整体问题研究上的局限性，使得定性分析法成为国内学者的首选。若能选择典型性的实证样本，并准确定位于文化消费现状的具体成因，将会有可能消除定量分析法在应用中的局限性，以实现文化消费研究在研究方法上的创新，而关于该目标的实现，可以从国外社会学家提出的"消费文化"研究范式中借鉴。这是因为，"消费文化"的研究范式，是将消费现象同社会阶层结构、社会关系等社会事实并列考察，以最大限度地拓展"消费"的边界维度。

其实，这种消费范式的研究思想，还可以看作是对布尔迪厄（Bourdieu）的社会再生产理论的验证，它将文化消费与社会分层相结合。在相关的研究中，国外学者也取得了实证方面的支持：如比哈根（Bihagen）利用瑞典家庭支出数据分析不同收入阶层消费支出的不同，发现高收入阶层消费的目的多在于维系自己经济和社会地位；卡茨（Katz）利用结构等效的方法将以色列相近的家庭消费模式作为分层指标，并在与收入比较后，发现两者的结果可以互为验证；艾丁（Adyin）利用土耳其国家统计部分提供的数据，分析了经济社会因素对消费模式、品味以及生活方式的影响，发现了社会分层变量，如收入、教育、职业等因素决定了他们的消费模式以及生活方式。同时，随着社会结构变迁、价值观改变、艺术审美变化等事实因素的引入，使得定量分析法在文化消费研究中的应用就成为可能。另外，还需要注意的是，按照普沃斯基和图纳（Przeworski & Teune）提出理论普适性标准，就意味着相同理论必须适应不同情境下评估。为此，应该注意到中国的政治及文化与西方的不同，这使得文化消费研究中，社会阶层结构在国内研究的嫁接，更多表现于性别、年龄、职业、收入等人口统计变量上的划分，并不存在明显的政治性地位划分。

近几年，中国经济的发展，推动着居民文化消费的增长与繁荣，特别是城镇居民的文化消费迅速增长，这也使文化产业成为重要的主导性产业，并代表着未来经济发展的趋势。但是，中国城镇区域分布的广泛，以及一线城市与二、三线城市之间发展的不平衡性，为文化消费实践在理论上的抽象带来一定难度，并进而影响到相关文化产业政策的制定。而北京作为中国的一线城市，它的城镇生活形态及消费模式对其他城市会起着引领性的作用。因此，若以北京为例来研究居民的文化消费，并总结当前城镇居民文化消费的一般性特征及最新动态，既可以作为消费经济学研究领域的拓展，为国内文化消费的研究提供理论与实证的支持，还可以为相关文化产业政策的制定提供决策依据。

第二章

文化与城市发展

第一节　现代城市的发展内涵

　　城市作为人类相互联系、聚集、居住的产物，是人类文明的重要标志。随着时代的发展，城市的功能也发生了一定变化。工业时代的城市是制造业中心和有形产品集散地，后工业时代的城市可以说是以知识产出为标志的非物质产品生产中心，其特征主要体现在文化性、消费性、宜居性、生态性等方面。从工业时代到后工业时代，城市的发展也已经从商贸城市、工业城市为表现特征的阶段发展到以文化城市、创意城市与田园城市为表现特征的新都市主义阶段。

　　新都市主义提倡让城市自然化，让自然城市化。其精髓就在于让都市文明与自然属性和谐共存，在满足人们对城市资源的高度利用的同时，充分发挥城市的基本作用，充分顾及人与自然、社会的关系。倡导一种快节奏、低生活成本、高娱乐的都市"跃

4

动人群"生活模式，强调居住背景、个性化生活；强调生活轻松便利的居住环境、和睦的邻里关系、全力以赴的工作、尽情地享受与娱乐的生活方式。新城市主义理论的特点体现在以下八个方面：（1）限制城市边界，建设紧凑型城市；（2）继承传统，复兴传统开发；（3）以人为本，建设充满人情味的新社区；（4）尊重自然，回归自然；（5）提高公众对城市规划的参与性；（6）提倡健康的生活方式；（7）回归传统习惯性的邻里关系；（8）实现社会平等和公共福利的提高。

　　其中"田园城市"就是在这种"新都市主义"观念指引下，提倡注重社区的整合，而且注重考虑机会成本、时间成本与居住舒适的结合，并注重避免奢侈布局对环境的破坏、对土地和能源的过度耗费的生态城市。"田园城市"最早是在19世纪末英国社会活动家霍华德的著作《明日，一条通向真正改革的和平道路》中提出的，霍华德关于城市规划的设想是建设一种兼有城市和乡村优点的理想城市，他称之为"田园城市"。田园城市实质上是城和乡的结合体，它兼有城、乡的有利条件而没有两者的不利条件。1919年，英国"田园城市和城市规划协会"经与霍华德商议后，明确提出田园城市的含义：田园城市是为健康、生活以及产业而设计的城市，它的规模能足以提供丰富的社会生活，但不应超过这一程度；被乡村带包围；全部土地归公众所有或者托为社区代管，这是霍华德关于田园城市最初的设想。时代发展至今，现代田园城市的思想核心与霍华德最初的设想保持一致，即体现自然之美、社会公正、城乡一体。其内涵则发生了一定变化：一是在功能定位上，现代田园城市不但是国家重要的中心城市，同时是国际性的区域枢纽和中心城市；二是在具体形式和规模上，即城市形态和发展水平是超大型和现代化的，但同时符合田园城市的理想，把城市和农村两者的优点都高度地融合在一起，让广大城乡群众既享受高品质城市的生活，又同时享受惬意的田园风光。

"创意城市"则强调大城市发展中必须注重人的创造力，依靠人的力量提高城市竞争力，以人文为核心塑造城市的生命和未来。城市发展的基本单元不单是道路、桥梁，更包括专业人士、技术人才、科学家在内的每一个人。城市应当成为人民释放创造力的源泉——这是城市发展中的软因素，塑造城市的生命和未来。这就要求良好的工作环境和生活环境。同时为了发挥每个人的才能，城市应提供好的生活条件，包括便利的交通，以及演艺、音乐、运动休闲等文化娱乐消费。概况来说创意城市是形象空间、功能空间和意象空间复合体：第一层级是城市景观，是真实的，是形式具象的，可由经验来描述的事物，街道上所看到的物质、物理的自然空间。第二层级是产业集聚，将一城市空间视为功能体，具有提供服务与功能的场域。第三层级是文化空间，结合消费情境与过程，消费者在物质、功能空间内进行欲望生成、消费和想象而建构起意象，是依存物质空间与功能空间而产生的文化空间。

"文化城市"不仅体现在其拥有丰富的文化建筑和文化服务机构，还在于其具有强大的创意人群（Gerz，2007）。一种文化的强势和生命力主要取决于三个因素：一是文化的特色和个性，二是文化的交往度，三是文化的先进性和整合功能。一个城市的文化特色不仅体现了该城市的综合竞争力，更代表了该城市的文化形象和文明程度。可以说文化城市的核心创造力和竞争力的发挥首先是通过文化的创新和发展来实现的，并且通过文化城市的建设以及改善教育环境来保证市民的政治、经济权利乃至文化权利。

综上所述，我们可以看出无论是文化城市、创意城市还是田园城市的概念，都明确了以文化基础设施、文化资源、文化资本、文化生产能力、文化创新能力、文化消费水平和文化辐射能力为基本要素的综合文化实力，在当代城市的综合实力中的地位日益提升，并越来越深刻地影响着城市的经济利益、自然和环境利益、社会利益以及与城市形象相联系的城市整体利益。文化竞争力正在成为城市竞争的核心力量。正如刘易斯·芒福德所说：存储文化、流传文化和创造文化，是城市的三个基本使命：城市的主要功能在于化力为形，化权能为文化，化朽物为活灵灵的艺术造型，化生物繁衍为社会创新；城市乃是体现人类之爱的一个器官，因而最优化的城市经济模式应该是关怀人和陶冶人。

第二节 促进城市文化发展的经验

一、美国的文化促进策略

随着全球化进程带来制造业从发达国家向发展中国家转移，美国城市自 20 世纪 70 年代面临内城衰败以及城市经济的结构性衰退。这个时期政府需要改善衰败的内城景象，私人投资者需要营造文化氛围来吸引顾客，而大量的艺术团体需要发展空间。因此，一种新的合作方式在政府、私人投资者和艺术团体之间形成，文化艺术被运用为一种复兴城市衰败地区的发展策略。在政府的政策推动下，文化设施开始脱离了以往独善其身的布局模式，和商业、办公等设施混合布置，用于带动旧城中心区的发展。匹兹堡文化地区的建设、巴尔的摩内港开发、波士顿昆西市场（Quincy Market）的建设等所取得的显著成效使得文化艺术在城市更新发展中受到越来越多的重视。美国这种以营销为手段的城市更新成功经验影响到西欧国家的城市更新。以英国为例，在历经 1981—1983 年的经济衰退后，各个方面开始寻求解决城市经济问题的新方法，文化艺术作为促进经济发展的手段之一受到越来越多的关注。美国政策模式对英国的影响是显而易见的：英国政府传统的文化政策仅仅将文化定义为"艺术"（如表演和视觉艺术）的狭窄领域；美国的经验使得英国政府开始将文化与城市发展联系起来，在以文化为主导的城市更新中强调文化政策对文化旅游的推动和对空间场所的营销。

二、英国的发展经验

英国的城市在 20 世纪 80 年代普遍面临内城衰败。针对这样的情况，各个国家纷纷提出对旧城中心区的更新计划。1977 年英国政府发布了《内城政策》的白皮书，明确指出了内城经济衰退是内城中最严重和最核心的问题，从而把城市更新的重点放到经济更新上。解决经济更新的思路首先体现在大型商业场所的建设上。随着对实践带来的诸多问题的反思，以及文化艺术在城市发展中的重要作用开始显现，解决旧城经济问题的途径开始与文化和艺术结合起来。一系列旨在推动城市经济多样化，提升文化旅游和解决当地居民就业的城市文化政策在西方国家应运而生。政府开始动员更多的资源运用到城市文化建设中，文化政策主导下的城市更新（culture - policy - ledregeneration，对此也有不同的名称，最为常见的是文化主导下的城市更新 culture - ledregeneration，此外还有称作文化更新 cultural regeneration 等）渐渐成了旧城中心区更新的一种新模式，在改变城市形象，推进文化旅游、吸引投资和人才方面发挥着积极的作用。

1988 年，英国艺术委员会出版了《英国成功经历》（A Great-British Success Story），建议对文化艺术进行投资；同年，关于艺术和城市更新的四个重要会议在英国召开。1989 年艺术委员会发表了一份重要的文件《城市复兴：艺术在内城更新中的作用》（An Urban Renaissance：the Role of the Arts in Inner City Regeneration），强调了文化艺术在城市更新中的重要作用。在英国，以文化艺术为主导的城市更新以 20 世纪 80 年代早期伦敦道克兰码头和利物浦码头（Liverpool docks）的再发展计划为标志，此后，英国的一系列城市格拉斯哥、曼彻斯特和伯明翰开始制定文化发展策略；一些城市相继成立了自己的文化产业地区，例如谢菲尔德的文化产业地区（Cultural Industries Quarter）、伯明翰的媒体地区（Birmingham's Media Zone）和卡迪夫的艺术综合体地区（Cardiff's Chapter Arts Complex）等。在英国众多文化主导下的城市更新实践中，伯明翰的 Brindley Place、利物浦的 AlertDock 和谢菲尔德的文化产业地区被认为是以文化为策略进行城市更新的先行者，这些城市的良好实践在世界范围内引发了很多的模仿者。

强调以文化政策推动城市更新的发展模式从 20 世纪 90 年代开始对亚洲城市和国家的发展产生影响。

三、日本的文化立国策略

近年来，日本文化产业在日本政府的积极推动和大力扶持下，发展迅猛，不仅成为其国民经济发展的一个新亮点，而且在国际市场中举足轻重，甚至其产值和影响已经超过了汽车等传统工业，具备了较强的国际竞争力。日本文化产业在短时期内能够获得飞跃式的发展，应该说与其政府所实施的文化立国战略密切相关。同时，政府有意识的引导和推动，也给其文化产业的发展注入了极大的活力。

1. 立法施政，为文化产业的顺利发展提供法律依据和保证

从 2000 年前后，日本政府开始重视文化产业，首先由国会立法，批准通过了《形成高度情报通信网络社会基本法》，2001 年又批准通过《文化艺术振兴基本法》，之后，内阁政府依据这几部法成立了"知识财富战略本部"，由首相亲自担任部长，制定一系列政策法规和实施计划，经过两年多的艰苦努力，2004 年 5 月最终制定并经国会批准通过了《关于促进创造、保护及应用文化产业的法律案》即《文化产业促进法》。现在该法已被广泛使用并初见成效，文化产业正以带动日本经济增长的新型产业而受到高度重视。

在国会批准通过了《信息技术基本法》和《文化艺术振兴基

本法》之后，日本政府非常重视对两法的实施工作。时任首相小泉纯一郎利用各种场合宣传两法的意义，他在2002年2月施政演说中明确指出"要将研究、创造活动的成果作为知识产业加以战略性地保护和应用，加强产业的国际竞争力，并将它作为国际目标"。在小泉的提议下，2002年3月开始召开了"知识财富战略会议"，7月确定了《知识财富大纲》，11月制定了《知识财产基本法》，确定了"知识财富立国"的方针，为文化产业的顺利发展提供了法律依据和保证。2003年1月，小泉曾就日本动画片《千与千寻》在国际影坛取得的成功及影响，提出要善于发现日本的"潜在力"，国家要予以支持。2003年3月，日本政府根据《信息技术基本法》成立了"知识财富战略本部"，时任首相小泉亲自担任部长，明确将音乐、电影等文化产业与技术、工业、名牌产品等并列为国民经济的基础产业，并采取一系列措施，从执行政策的高度把文化产业当作商业行为对待，表明了日本政府发展文化艺术产业的决心。

2. 通过行政指导的方式来引导文化产业的发展

为了贯彻"文化立国"的国策，日本人调动了独特的"行政指导体制"行政指导是日本政府为实现特定目的，不直接运用法律手段，仅以相关法令为依据，通过向产业部门的行政主管机构提出劝告、建议、指导、指示、期望、要求、建议、警告、命令等行政裁决方式，促使企业接受政府的意图并付诸实现，从而控制特定对象的行为。

包括文化在内的新兴产业是日本"行政指导"的重点，日本政界人士认为要避免采用生硬的法律约束，使政府和产业界建立相互信任的关系，从而在目标一致的基础仁谋求积极而广泛的合作。首先，制定规划是其"行政指导"的形式之一，日本政府常常依据国内外经济技术的特点及其发展变化来指导产业的发展计划，力求既符合国家的发展战略，又协助产业界确定具体发展形式、规模和方向，使之避免盲目性和无政府状态。这也是日本政府进行产业结构调整的一大特点。政府通过提供各种信息、制定各种扶持和刺激性的政策，来指导和协助企业走向既定目标，但不是强制性的，企业仍然拥有自己的主动权和自主性。政府通过指引、中介、扶植和宏观调控的作用，扮演企业的领航员、仲裁者、银行家及保护人的角色，给文化产业注入了巨大的活力。

其次，大力扶持"创新产业"是其"行政指导"的具体举措。长期以来，日本实行的是政府主导型经济，政府的"行政指导"通过制定良好的产业政策和实施优惠措施来一步步诱导企业前进。近年来，日本政府审时度势，在技术开发的"行政指导"方面，对"创新企业"实行较多的政策倾斜和材料扶持，即政府通过信贷、财政补贴、税收优惠等经济手段，促进"创新企业"的建立和发展。如企业开发高新技术可获低息贷款。若开发成功，按低息还本付息，若开发失败，则免除利息。政府还规定对电子信息等高科技产业实行优惠税制与折旧制，对企业的高新技术研究开发给予财政补助，这给日本的信息文化产业创造了良好的发展空间。

再者，努力促进创业投资，是政府对文化产业进行"行政指导"的有力手段。文化产业属于新兴产业，它的成长与发展首先需要投资资金的保证。在日本，文化产业的投资受到政府的多方重视。一方面，它作为新兴产业，能够享有"研究投资和科学技术投资"；另一方面，作为对国民投资，它又享有"文化投资"的经费。日本人在进行文化信息产业的投资中，主要是采取"产学研"的协作体制。这种将有限的技术人员和研究经费集中起来，统一指导开发研究计划，为了共同的目标重拳出击的"官民合作研究"机制，是促进科技创新、加速科研成果转换和实现产业化的有效途径，并且对节约有限的研究经费和宝贵的时间具有十分重要的意义。它有力地推动了日本高新技术的迅速发展，促进了日本的有关产业参与国际竞争的实力。日本政府非常重视这一协作机制，不断对此加以强化和完善。近年来，这一发展趋向更加明显。1986 年，日本政府制定了《研究交流促进法》，鼓励国际机构的研究人员到民间企业参加共同研究，要求日本国立研究机构的设施向民间企业研究人员开放，并接受他们参加协作研究项目等。这一举措将产、学、研三方的研究活动与合作研究项目推上了一个新台阶。此外，日本政府在促进文化产业创业投资方面，还积极鼓励文化投资同 IT 产业投资的深度结合。"为了开拓光明的未来，必须开发有独创性的尖端技术，并以此创立新产业。"这是 1995 年日本政府制定《科学技术基本法》的基本方针。在这一"行政指导"之下，日本许多企业将自己的未来押在了娱乐、信息和通讯业的交汇点，从而使传播信息、知识和提供娱乐的文化产业兴旺起来，并且同计算机行业的结合日益紧密。

　　3. 建立和完善配套服务，为文化产业的发展提供良好的发展环境

　　文化产业最宝贵的资源是创意，而最容易被剽窃和仿冒的也

就是创意。如果没有完善的知识产权保护体系，日本的文化投资将会受到巨大的伤害，使大量的专业人才为之寒心而流失。日本人逐步建立了一套比较完备的知识产权保护系统，严厉打击各种盗版行为，使作为文化创意的动漫画得到充分的保护。与此同时，日本动漫画创意的中介服务非常发达，各家制作公司和工作室都有"版权服务窗口"，处理所属作品的版权转让事宜。日本还成立了一个全国性的"动漫画产权市场化实行委员会"，以加强对动漫画版权的统筹管理。该委员会的工作重点，就是协助政府指导有关法规，协调制作、发行、销售、贸易、海关等各方面的关系，促进动漫画的版权交易有序、合理地进行。由于版权中介的有效服务，动漫画产业的版权交易额逐步上升。

此外，日本政府还积极举办各种评奖活动，奖励和表彰文化产业的制作者。在 2001 年中，就举办了多届的评奖活动，如 2001 年 1 月 16 日由日本总务省参与协办的"第六届 AMD2000 年娱乐活动内容奖"；2001 年 12 月 13 日有日本文化厅等部门参与协办的"第五届日本文化厅媒体艺术节"以及其他各种协会主办的多种奖项。"知识财富战略本部"在制定"知识产业促进计划"的同时，于 2003 年 10 月设立了"文化产业调查会"，该会于 2004 年 4 月提出了"文化产业的商务振兴政策—软件力量时代的国家战略"，提出了关于文化产业发展的 3 个目标和 10 项改革措施，其中的两个目标就提到了表彰积极活跃人物，开展具有社会导向意义的商务活动和奖励文化产业的制作者。在日本人看来，这些公开的评奖活动，将极大地推动文化产业的发展，因为无论是获奖者还是没有获奖的参与者，只要其积极性被调动起来后，将加倍进行创造，从而生产更多的财富。

四、韩国的文化立国策略

1998 年的亚洲金融危机对韩国进出口业造成极大影响，经济不景气，社会各种矛盾爆发。促使韩国政府对外向型经济带来的国民经济脆弱问题进行了深刻反思，痛定思痛，认识到发展具有本土优势和本土活力的经济产业，对于国家经济发展和核心国际竞争力的培育的重大价值。发展文化产业成为一个重要的战略选择，文化产业被确定为 21 世纪国家经济的支柱产业。韩国政府大力支持本国文化产业的发展，在短短几年时间内，先后制定了《21 世纪文化产业设想》《文化产业发展推进计划》《文化产业发展 5 年计划》《电影产业振兴综合计划》等诸多发展规划，把文化发展战略提升到国家发展战略的高度，将文化产业发展的纳入国家发展的中长期计划。

韩国实施文化立国方针的基本战略是：首先，集中力量开发具有国际竞争力的高品质文化产品；其次，重点发展战略性文化产业。考虑到资源和资金有限性，韩国政府提出不搞平均主义，实行"选择与集中"的基本政策，突出重点支持重点产业以及重要项目；其三，尽最大努力使国家扶持政策发挥最大效力。为此，韩国政府出台了一系列法律法规以及相关措施，具体如下：

1. 建立合理的组织管理机制

在加强原有文化产业相关部门建设的同时，为了避免业务重复和减少资金浪费，通过跨部门、跨地区合作，新建一些机构组织，初步形成了运作文化产业发展的管理机制。

首先，1994年，文化观光部首次设立"文化产业局"，该部门主要是负责文化产业的政府职能部门。近年来其职能不断加强，已由原来的3个课扩编到6个课，业务范围基本涉及文化产业的各方面。1999年，"游戏综合支援中心"（主管政策、规划等）、"游戏技术开发支援中心"（主管游戏产业园区建设和管理）、"游戏技术开发中心"（主管游戏产业技术开发）等部门在文化观光部、产业资源部、信息通讯部的通力合作下建成，各部门形成合力，重点发展游戏产业。同时，负责创造等的韩国卡通形象文化产业协会以及韩国卡通形象产业协会也在文化观光部和产业资源部的支持下设立，该部门主要是侧重于推动卡通形象业的发展。在其他高新技术文化产业领域，文化部也都大力支持，韩国不惜一切努力大力振兴本国文化产业的发展。

其次，2000年韩国根据《文化产业振兴基本法》成立了"韩国文化产业振兴委员会"，该委员会由15至20人组成，这些人中，国会常任委员会推荐2人，外交通商部、产业资源部、财政经济部、信息通讯部、文化观光部、行政自治部、企划预算处各委派1名副部长，同时电影、游戏、出版、广播、音像等有关部门各推荐1位负责人。该委员会委员可以连任，任期3年，其职责主要包括以下几点：国家文化产业政策导向的制定、文化产业振兴基金的运营方案以及发展计划、检查和监督政策的执行状况、调查研究及其他相关工作。

同时，文化观光部于2000年4月、12月先后又设立"韩国工艺文化振兴院"和"文化产业支援中心"。2001年又将"文化产业支援中心"扩建为"文化产业振兴院"。由其全面负责文化产业具体扶持工作，同时侧重音乐、动画、漫画和卡通形象产业的发展。与原有的广播影像、电影、游戏等主管单位分工协作，推动文化产业的整体发展。在总结一年多运作情况的基础上，文化观光部于 2002 年 7 月决定为下属的文化产业振兴院、广播影像振兴院、电影振兴委员会、游戏产业开发院、国际广播交流财团 5 个部门组建"文化产业支援机构协议会"，旨在避免业务重复，加强信息交流，将原来分散组织的活动"大型化""集中化"，提高工作的整体效果。

最后，韩国政府不仅注重中央文化产业管理机制的发展，还特别关注地方文化产业的发展，力图推动文化产业在全国的均衡发展。2000 年以及 2001 年两年期间，韩国政府相继在全国各个地方投资，在釜山、大田、光州投资 60 亿韩元，在富川、大邱、金州、春川、清州、投资 100 亿韩元，2002 年，分别在庆州、木浦和济州建立"文化产业支援中心"，加强了中央和地方的文化产业管理运行机制，使得相互之间的协作、信息沟通、技术交流加强。通过完善原有管理机制以及增设新建管理机制，为韩国文化产业的发展提供完善的运行保障。

2. 完善人才培养机制

韩国政府始终重视人才培养在文化产业发展中的重要作用，清醒地发现文化产业具有很好的雇佣效果，是高学历证书持有者和青年人喜欢的工作领域。但他们更为重视对专门人才的培养规模及其缺口的关注，制定了一系列相应的措施。主要措施如下：

第一，完善人才管理系统。通过产、学、研联手，成立"CT 产业人才培养委员会"，专门负责文化产业人才培养计划的制定、协调；设立"教育机构认证委员会"，对文化产业教育机构实行认证制，对优秀机构和个人给予奖励和提供资金支持。文化产业振兴院建立文化产业专门人才数据库，自 2002 年 9 月至 12 月，已有学界、机关、企业的 1000 多名专家申请登录入库。

第二，加强高校人才培养，增设文化类相关学校。例如，最新建立的汉城游戏学院、清江文化产业大学、全州文化产业大学、传统文化学校、大邱文化开发中心、网络信息学院等。据韩国文化产业振兴院初步的统计，文化产业学本科专业已经在韩国外国语大学、庆熙大学、汉阳大学、仁荷大学等重点大学在内的 100 多所院校开设，同时 80 多所研究生院也都开设与文化产业相关硕博课程。除此之外，2000 年至 2005 年期间，韩国政府斥世资投入 2000 多亿韩元（约合 14 亿人民币）用于文化产业方面的人才培养。

第三，深入加强文化产业相关专业资格的培训。为了培养文化产业方面的专业人才，委托相关院校和一些企业开展和规范文化产业从业人员的资格培训。同时为了鼓励越来越多的人从事这个行业，对在新增的游戏专家资格培训中取得高级游戏专家资格的人员提供优惠待遇，如高福利薪酬。

第四，通过他教育机构和网络进行专业人才培养。从 2003 年到 2006 年，通过文化产业网络教学，已经相继开设了 20 个文化产业相关专业，培养了 5000 名急需专业化人才。通过产、学、研的联合办学，由文化产业研究开发中心全面负责，培养教授级的特殊专业人才。同时，可以发挥一些非正规院校的作用，扩大他们的职责，向这类院校赋予更多的教学任务。

第五，加大与国外的交流与合作。通过与其他国家的合作，可以交流相互经验，学习他人之长补己之短，促使自己更快的成长。其中，与美国、日本、中国等国家的交流与合作项目最多，通过选派人员出国研修，培养具有世界水准的专业人才。仅 2002 年一年就派出两批人出国交流，共计 180 人，培养 CEO、中层管理人员、业务人员各 60 名。为了鼓励大家的积极性，国家为每人补贴 6100 美元。

3. 建立和规范资金支持机制和奖励机制

为了发展文化产业，韩国政府采取多种措施筹措经费，在经费上确保文化产业的发展。按照"集中与选择"的原则，有目的、有重点地实施资金支持。文化产业振兴院于 2002 年通过国家预算拨款、投资组合、专项基金共融资文化产业事业费近 5000 亿韩元，为文化创作、基础设施建设、营销和出口、人才培养，各投入 1700 亿、1870 亿及 1430 亿韩元。

为了加大文化产业的发展，政府对文化产业的财政扶植力度不断加强。近年来，韩国政府为了推动本国文化产业的发展，文化事业财政预算不断增加，2000 年用于文化事业的支出首次突破国家总预算的 1%，2001 年进入"1 兆韩元时代"，比 2000 年上调 9.1%，2003 年用于文化事业的支出更是增大，达 1 兆 1673 亿韩元。同时，韩国政府还通过设立了文化产业振兴基金、文艺振兴基金、广播发展基金、电影振兴基金、信息化促进基金、出版基金等多种专项基金，希望通过这些扶持相关产业的发展。

另外，为了更多的筹措经费，韩国政府提出新的融资方式，主要通过社会资金的动员，发动官民共同融资，并计划每年通过

"投资组合"融资，例如，2001 年韩国电影振兴公社根据新的融资方式"电影专门投资组合"融资 3000 亿韩元，保障和促进了韩国电影事业的发展。

除了有效的资金支持机制外，韩国政府还通过一系列的奖励措施来刺激文化产业的发展。例如，对优秀文化产品和生产制作单位予以重奖；加大对影像、游戏、音乐等重点文化产业的奖励力度。2002 年，游戏评出 15 个获奖产品和单位，动画也评出 12 个获奖产品和单位，其中"国务总理奖"的奖金最高，是这些奖项中的最高奖项，其奖金达 1000 万韩元，"特别奖"奖金和"文化观光部长官奖"奖金分别为 300 万韩元、500 万韩元。为了进一步鼓励文化事业的振兴，2003 年文化观光部把"大奖"升格为"总统奖"，使得对文化事业的鼓励更具权威性。

4. 大力拓展国际市场

韩国认为，国内市场规模有限，要求文化产业的大发展，必须开拓国际市场。其基本战略是，瞄准国际大市场，把以中国、日本为重点的东亚地区作为登陆世界的台阶，大力开发，促进出口，利用国内市场收回制作成本，通过海外市场赢利。为了国际市场的大力开拓，他们主要采取以下措施：

第一，与时俱进开发适合当下销售的产品。通过驻外文化院、一些机构和企业的办事处以及网络等多种手段，加强调研，针对地区特点，开发不同产品。如对亚洲地区，前几年以影视、音乐为主，近来开始推出游戏、动画等；在欧美，计划先将游戏、动画产品打入主要市场。

第二，集中力量开发具有国际竞争力的名牌产品。安在旭等影视明星、HOT 等歌星、流氓兔等名牌产品为提升国家形象和传播韩国文化发挥了重要的作用。韩将集中力量开发具有国际竞争力的名牌产品，利用品牌取得更大的市场效应。

第三，加强与其他国家之间的合作。随着全球化的不断深入，越来越多的国家认识到，要想在日益激烈的国际竞争中生存下来，必须打破以往的闭关自守，要走出国门加强与他国之间的合作，通过与国外发达国家合作，不仅可以吸取先进技术，也可以占据国外市场。譬如 2002 年韩国与德国、加拿大共同制作的电视动画片 *Dragon*，该片就是一典型国际合作的案例，不仅解决了资金不足问题，而且拿下了三国的收视率，可谓一举两得。

第四，在文化出口要地设立办事处。古语说，"不入虎穴焉得虎子"。从这句话中可以看出，要想取得成功，就必须深入对手的内部环境，知己知彼，百战百胜。当代社会也不例外，要想本国产品立足于他国，不仅要有重要的品质和卓越的服务，最重要的还是要"入乡随俗"，如果高品质的产品不能适合当地人的口味，那照样无法打开市场。所以，在进驻他国之前，一定要做好市场调研工作，开发适合当地人口味的产品，为此，在当地设立战略据点必不可少。2001 年韩国文化产业振兴院已在北京、东京设立办事处，美洲、欧洲也将增设据点。

第三节　文化促进城市发展的模式

用以促进城市发展的文化政策主要是从经济学的角度来考察文

化，把文化艺术视作经济规划的直接利用品，"并将经济学的方法运用于政策分析：投资、杠杆、就业、直接与间接收入效应、社会与空间定位等等"（Booth，et. al，1993）。依据 Frith（1991）的分类，用以推动城市经济发展的西方城市文化政策分为三种：产业性文化政策，适用于当地文化产品的生产；旅游性文化政策，用以推动城市文化旅游的发展；装饰性文化政策，用以美化城市形象，增加城市吸引力。结合 Frith 对文化政策的分类，文化政策主导下的城市更新大体上可以分为三种发展模式（黄鹤，2006），见表2-1。

表2-1　文化政策与城市更新相结合的类型

文化政策类型	城市更新主要途径	空间发展重点	城市更新实例
装饰性文化政策	文化设施建设、城市公共艺术、雕塑建设	文化消费空间	毕尔巴鄂、法兰克福、博物馆之堤等
旅游性文化政策	举办文化活动、结合文化活动进行城市更新改造	文化消费空间	格拉斯哥结合众多文化活动的城市更新、巴塞罗那结合2004文化论坛进行的滨水衰败区的改造等
产业性文化政策	文化产业区建设	文化生产空间	谢菲尔德文化产业地区、伯明翰媒体地区和卡迪夫艺术综合体地区

注：来源于黄鹤，2006，《文化政策主导下的城市更新——西方城市运用文化资源促进城市发展的相关经验和启示》，《国外城市规划》，Vol. 21，No. 1。

一、结合文化设施建设的城市更新

文化政策主导下的城市更新中最常见的类型就是通过文化设

施建设，改善城市形象，以此来吸引文化旅游，以及银行业、保险业、服务业等行业，带动地区的发展。20 世纪末期是一个文化设施繁荣发展的时期，博物馆、文化艺术中心、剧院、公众集会场所、节日庆典公园等城市文化设施的兴建在世界范围内出现了一个建设高潮。在美国，很多城市的再发展计划，从洛厄尔、费城，到旧金山以及洛杉矶，都聚焦于博物馆的建设。以文化设施带动城市发展的最典型案例莫过于西班牙北部的港口城市毕尔巴鄂。通过古根海姆博物馆和一系列重要项目的建设，毕尔巴鄂从一个默默无闻的衰败港口城市发展成为文化旅游的重要目的地。可以这样说，文化设施的建设扮演了城市经济和环境重生的角色，为毕尔巴鄂赢得了世界级的声誉。

二、结合文化活动举办的城市更新

近年来，通过举办大型的文化活动也成了城市获得再发展的途径之一。这些大型活动的举办对于城市而言意味着城市面貌的改善，意味着旅游经济的发展，意味着城市知名度与地位的提高，意味着吸引更多的投资与人才。因而政府对大型文化活动的举办投入了相当高的热情，我们可以从奥运会、世博会等世界性以及一些地区性的大型活动中城市的激烈竞争看到这种趋势。

欧洲文化城市计划（European Cities of Culture 1985 - 1999，2000 年开始改称为欧洲文化首都 Culture Capital of Europe）即是这样一个旨在结合城市更新，推动欧洲城市文化发展，促进文化旅游的重要文化项目。文化城市计划的成功举办使得很多的欧洲城市得到复兴，例如英国城市格拉斯哥、荷兰城市鹿特丹、爱尔兰首府都柏林等都通过举办该活动促进了城市的更新发展，成功地从衰败的工业城市转变为吸引旅游者前往的文化城市。

1990 年的欧洲文化城市活动给英国格拉斯哥带来城市发展的巨大机遇，使得这个曾经以犯罪率高、吸毒率高而闻名欧洲的工业城市经过一系列的文化建设和文化活动，"在成为欧洲文化城市后，转变成了一个不同的地方。10 年前这里充斥着荒芜之地……现在格拉斯哥经济富足，对自身的信心比前半个世纪的任何时候都要多"。

三、结合文化产业发展的城市更新

随着文化产业在城市经济发展中重要性的日益增加，越来越多的城市开始积极探索文化产业的发展。英国是率先对文化产业进行扶持和引导的西方国家之一。成立于 1981 年，1986 年废除的大伦敦委员会（GLC：Greater London Council）对文化产业的推动具有深远的影响。1984 年文化产业部门（Cultural Industries Unit）成立于大伦敦企业部门（Greater London Enterprise Board）之下，它是大伦敦委员会（GLC）用以干预伦敦产业的代理机构。依据 GLC 所制定的《文化产业战略》，这个单位的职责是"筛选出那些不适宜的项目，为投资决策做出推荐，以这种方式支持那些具有生命力的企业。"该机构协助建立起一些社区录音工作室、出版社、图书分发组织，同时也为其他一些以伦敦为基地的，在音乐录音、出版发行、电影录像领域的文化机构提供财务上的支持和管理咨询等服务。

在大伦敦委员会（GLC）解散后，英国的其他城市继续着文化产业策略的发展，最好的例子或许就是谢菲尔德。它的城市委员会于1986年把城市中心区边缘一个占地75英亩（约合30公顷）的衰败工业区作为城市文化产业区（CIQ）的发展用地，文化事务成为城市更新发展策略中的中心环节。到目前为止的近20年发展历程表明，文化产业区成了一个富有活力而不断发展的城市中心。尽管它的发展面临来自城市其他区域诸多的挑战，它仍然在英国政府工作报告中被作为好的实践案例；同时谢菲尔德的发展历程也表明文化策略为主导的城市更新能够利用本地的文化资源，以推进劳动力雇佣和复兴本地区的文化认同。

第四节 文化促进城市发展中存在的成效及问题

西方国家以文化政策为主导的城市更新策略侧重解决城市经济问题的出发点，在近30年的实践中，取得了很好的成效。诸多的学者对于这种自20世纪70年代中期开始的文化与城市发展之间密切联系的现象予以了相当多的关注。由于文化本身的复杂性，对文化主导下城市更新的研究也是多角度的，概而言之，学者们关于文化政策主导下城市更新的成效的讨论主要集中在两个方面：

一方面是它对于城市面貌的改善。文化政策驱动下的城市更新，最为显著的成果是对于城市物质环境的改善。无论是在毕尔巴鄂、格拉斯哥等衰败工业城市面貌的改善上，还是在巴黎、法兰克福等欧洲中心城市的环境进一步完善上，文化设施、公共艺术以及城市文化地区的建设都使得城市面貌得以改观，特别是针对西方国家城市因为工业衰退而带来的城市环境恶化的现状。同时大量文化活动的举行有效减少了公共区域城市犯罪的发生，促进了城市活力的增长。

另一方面是经济方面的作用。文化政策主导下的城市更新对于城市旅游经济的推动效果是肯定的，它对于城市经济的多样化，解决工业衰退后日益严峻的城市经济问题有着积极的作用。

与此同时，这些文化促进政策也面临着诸多的困境——正如格拉斯哥的发展一方面作为以文化策略复兴衰败工业城市的典型案例一再被引用；另一方面它也被视作一种"不可持续的文化投资模式"而遭致诸多批评。

一、文化认同的问题

在通常的状况下，基于城市竞争和城市营销的出发点，文化政策主导下的城市更新对于旗舰类文化项目和文化消费空间的建设青睐有加，这些项目能够较快地改善城市面貌，能吸引大量的参观者，对于所在的城市地区有着重要的符号意义和经济意义。由于这些项目通常是服务更大区域或者国家范围内的参观者，同当地居民生活之间的联系并不十分密切，因而当地居民通常会产生一种复杂的感情。一方面环境的改善会带来居民自信心的增加，另一方面这些旗舰类的文化设施会提高文化活动的成本，阻碍低收入的居民参与到这些文化活动中去。对于这些旗舰项目是否得到当地居民的认同往往会引起广泛的争议。例如毕尔巴鄂古根海姆博物馆的建设是否真正地促进了城市的和谐发展呢？学者们对此的看法不一，对它给毕尔巴鄂市所带来影响的评估，有人认为它推动了城市面貌的根本性转变，同时旅游业的发展创造了更多的就业机会；也有人认为这并没有改变毕尔巴鄂市的工业基础，失业率仍然在上升，这座建筑并不是针对当地居民的，它更像是一座美国办公总部，不能融入当地的文化环境。

由于文化政策主导下的城市更新往往都是集中于城市中心区的更新改造，文化环境的改善增加了城市中心区的适宜性，但是城市周边地区的文化设施和文化环境却因为资金、管理的不足而不能同时发展完善，因而以文化消费为出发点的城市更新往往会造成城市中心与城市周边地区公共设施和文化设施分布不均的问题，造成城市"中心—边缘"地区的紧张（center – periphery tension）。

同时，以刺激消费为目的的更新策略对于旗舰类的文化建筑（例如博物馆、美术馆、音乐厅、剧院、歌剧院等）的投入和维持费用总是保持在较高的水平，因而吸走了大部分的可用资源。在城市财政紧张的时候，地区管理部门往往会缩减支持基于社区的文化建设和文化活动的预算——这些部分往往对于当地居民而言是非常重要的，它是用于资助那些创新性的活动或弱势群体的。例如法兰克福20世纪80年代大规模文化旗舰项目的投资使得基于社区的文化投资——1988年法兰克福对于社区的文化投资预算被裁减。基于社区的文化设施和文化活动是城市文化建设的重要组成，但是在以刺激文化消费为主导的城市更新中往往不能回应当地居民的文化需求。

不能得到当地居民认同的城市文化策略是不可持久的。正如在格拉斯哥的大规模城市文化投资中，由于没有顾及当地居民的文化需求，同城市原有的工人阶层文化传统之间缺乏有机的联系，基于社区的文化项目几乎都没有发展起来；其次，文化政策侧重文化消费的提升，而对于文化生产的忽略使得规划中的城市文化产业一直没有发展起来，而文化生产的发展对于解决当地居民的就业具有更加积极的意义；最后，以刺激消费为出发点的文化政策将城市更新的重点限定在城市中心地区，而对周边地区的发展无暇顾及，在城市中心通过一系列文化举措得到更新和重获生机的时候，居住在格拉斯哥外围以及居住条件堪忧的波洛克（Pollok）、德拉姆查帕（Drumchapel）、伊腾豪斯（Eaternhouse）、卡斯特米尔克（Castlemilk）等地区居民的生活质量却在持续恶化。由于没有回应当地居民的需求，格拉斯哥在旅游者增加的同时当地居民却在持续地减少，并且相应的就业也在萎缩；众多的学者指出，格拉斯哥在 80 年代进行的文化投资是一种不可持续的发展方式。

二、经济发展的问题

以解决经济问题为出发点的文化政策究竟有没有解决城市的经济问题呢？在文化政策发展文化生产和刺激文化消费的两种发展途径中，主要的争论集中在后者上。比安奇（F. Bianchin）在对西欧国家 20 世纪 80 年代文化政策主导下的城市更新案例分析总结的基础上，指出以刺激文化消费为出发点的文化政策"对于财富的增加和工作岗位的创造相对来说有限的，其主要贡献在于对城市形象的塑造以之吸引来访者"。

事实上，在城市更新中文化项目的介入本身就意味着较高的投入和较长的回报时间，政府或是开发机构通过项目本身通常难以直接获得较高的经济效益。此外，对于城市而言，以刺激文化消费和推动旅游发展的更新策略往往多于倚重外在因素的影响，例如旅游季节、游客数量等；同时提供的工作往往对技能要求不高，因而工作报酬较低且工作岗位的数量易波动。如果不扶持地方的产业发展和提高当地居民的劳动技能，单纯依靠旅游发展和改善文化消费环境来吸引银行业、保险业以及相关服务行业的成功者寥寥。

让我们再来看看格拉斯哥的案例。在格拉斯哥城市面貌得到更新、旅游持续发展的同时，城市所提出的经济更新计划始终未能实现：在1981—1991年人口、就业、产业的统计报告中指出，在英国国内零售、商业、休闲等领域就业增加14%的同时，格拉斯哥的相关领域就业减少了13%，同时1989—1994年的城市发展备忘录中指出，格拉斯哥一直希望重点发展的地区服务行业的就业人口也在相应下降。

第五节　小结

文化是城市发展的根本动力所在，随着全球化所引发的城市竞争，文化策略已经成为当今城市生存的关键所在。但是，在城市发展中如果仅仅将文化当作经济发展的"引诱者"，而不注重文化潜在的精神作用、注重回应当地居民的文化需求，这样的文化发展即使能够实现一定时间内的繁荣，但是之后会面临长久的困境。事实上，随着对以经济发展为单一目标的文化政策的反思，侧重经济、社会整体发展的文化规划从 20 世纪的 90 年代开始在西方城市得到广泛的讨论并付诸实施。

对于中国城市而言，在经历了经济高速增长之后，正在面临从以经济指标为衡量标准到经济社会相协调的科学发展观的城市发展观念转变，在运用文化资源促进城市发展的过程中，同样要避免局限在对单一经济发展目标的追求上。单纯追求经济效益的文化建设常伴随着对文化资源竭泽而渔式的开发，在未能仔细分析社会效益以及经济效益的前提下盲目建设文化旗舰项目。这样的发展模式往往是短视的，并且还是短效的。回应居民的文化需求，回应地方的文化特色，这是中国城市在文化建设中的必然之路。

第三章

消费及城市发展

第一节 传统消费理论

西方消费理论的研究有着悠久的历史，但典型的现代意义上的消费理论要自凯恩斯（Keynes，1936）的绝对收入假说开始，相继经过杜森贝里（Duesenberry，l949）的相对收入假说、莫迪利安尼和布拉姆伯格（Modigliani & Brumberg，1954）的生命周期假说（LCH）、弗里德曼（Friedman，1957）的永久收入假说（PIH）、霍尔（Hall，1978）的理性预期——永久收入假说、曼昆和金博尔（Mankiw & Kimball，1989）等的预防性储蓄假说（PSH）以及扎尔德斯（Zeldes，1989）等流动性约束假说几个阶段，其发展基本上遵循这样的一个线索：由即期消费扩展到跨期消费，由确定性下的消费扩展到不确定性下的消费，由较宽松条件下的预算约束扩展到较严格条件下的预算约束。

早期的消费理论包括凯恩斯（Keynes J. M.）的绝对收入假

说，杜森贝利（Duesenberry J. S.）的相对收入假说，弗里德曼（Friedman M.）的持久收入假说和莫迪利安尼（Modigliani F.）的生命周期假说。这些分析都假定消费者能准确预期未来的收入，即不存在不确定性，因而被称为传统消费理论。

一、绝对收入假说

凯恩斯的消费理论被称为绝对收入假说，其理论核心是消费和储蓄取决于可支配收入。他认为，可支配收入主要用于消费和储蓄两个方面，即 $Y=C+S$，其中 Y 表示可支配收入，C 代表消费，S 则是储蓄。在解释消费和储蓄的关系时，有一个理论核心：随着收入的增长，人们的消费支出也会增长，但消费支出在收入中所占的比例却在不断减少。这一"心理法则"即边际消费倾向递减规律。此假说以三个命题予以说明：

（1）实际消费与实际收入之间存在稳定的函数关系，即

$$C =f(Y) = a + bY \qquad 其中\ a>0,\ 0<b<1 \qquad (3.1)$$

（2）边际消费倾向 $MPC = b$，故满足 $0 < MPC < 1$；

（3）平均消费倾向 $APC = C/Y$，并随着收入的上升而下降。

凯恩斯认为影响人们消费行为的主观因素在短期内变化缓慢，可视为稳定因素。影响消费的客观因素除收入外，在短期内变化不大或对消费支出影响甚微。所以凯恩斯的结论是：短期内消费的改变主要是因为收入水平的改变，而不是给定收入水平下消费倾向的改变。凯恩斯的理论在很大程度上指引了后来消费和储蓄理论研究的发展方向。

二、相对收入假说

杜森贝里（Duesenberry，1949）的相对收入假说，试图把社会心理学的成果引入消费理论，来修正凯恩斯的绝对收入假说，他否定了凯恩斯消费理论两个重要的隐含假定，即消费者的消费支出彼此独立和消费者的消费只受本人目前实际收入的影响，同时相应地提出了相对收入的两层含义：（1）消费者的消费受相关群体的消费和收入的影响；（2）消费者的消费受自己过去消费和收入水平的影响。相对收入假说的消费函数一般表达式为：

$$C_{it} = \alpha Y_{it} + \beta Y_t + \gamma Y_{it0} \tag{3.2}$$

式中，C_{it}、Y_{it}分别为第 i 个人第 t 期的消费和收入，Y_t 为所有人的平均收入，Y_{it0} 为第 i 个人第 t 期以前的最高收入。据此，他列举了相对收入理论的横截面和时间序列两种形式：

第一种形式有一种示范效应，即消费者的效用函数是严格相互依赖的：

$$U = U \left\{ \frac{C_0}{R_0},\ \cdots,\ \frac{C_t}{R_t},\ \cdots,\ \frac{C_r}{R_r} \right\} \tag{3.3}$$

其中，R_t（$t = 0,\ 1,\ 2,\ \cdots,\ T$）是他人消费的加权平均值，$C_t$（$t = 0,\ 1,\ 2,\ \cdots,\ T$）是 t 时的个人消费。如果消费者的收入低于（高于）他人的平均水平，那么他的平均储蓄倾向就低（高）；如果消费者的收入增加（减少）而平均收入未变，那么他的平均储蓄倾向就上升（下降）。

第二种形式意味着在储蓄和可支配收入之间，包含了一个棘轮效应，即消费者的消费支出不仅受自己目前收入水平的影响，而且也受过去收入和消费水平的影响。这样任何时点上个体的储蓄倾向可以被看作是现期收入与按物价指数调整过的过去最高收入比率的递增函数，即：

$$\frac{S_t}{Y_t}=f\left(\frac{Y_t}{\hat{Y}_t}\right),\ d\ (S_t/Y_t)\ /d\ (Y_t/\hat{Y}_t)\ >0 \tag{3.4}$$

其中$\hat{Y}_t$是按物价指数调整过的过去达到的最高收入。

杜森贝利研究问题的方法基本上没有脱离凯恩斯的理论框架，但它提供了一种重要的思考问题的新角度，即收入在消费和储蓄之间的分配依赖于个体的相对收入而非绝对收入。

三、基本的生命周期—持久收入假说（LC－PIH）

该理论建立在新古典经济学消费者效用最大化的理论基础之上，创造性地引入储蓄行为的生命周期动机，以跨期最优化消费模型作为基本的分析框架，重建了宏观经济学的微观基础。这一理论的原始模型由莫迪利安尼（Modigliani，1954）和弗里德曼（Friedman，1957）提出。其基本内容是：假设工作期间的收入保持不变、没有不确定性因素、个人开始时没有财富最后也没有遗产，在这种情况下，人们为了按照其所愿意的方式消费终身收入而进行储蓄和负储蓄，他们通常在工作期间储蓄，然后将这些储蓄用于退休期间的支出。该理论预测，人们在其收入高于终身平均收入时储蓄较多，而在其收入低于终身平均收入时进行负储蓄。

尽管生命周期假说和持久收入假说这两种理论本质上是一致的，但它们强调的重点仍然有所差别。首先，持久收入假说把消费同持久收入流联系起来，消费者通常被抽象成为寿命无限长的个体，家庭中两代人之间通过有效转让财富而联系起来，储蓄是为了让现在消费与未来消费的边际效用之比等于隐含在市场上利率的边际转换率，从这方面看，储蓄根本上是出于遗赠动机；相反，严格的生命周期假说的前提是个人把他们的所有禀赋在一生中全部消费掉，从全社会的角度讲，之所以会有储蓄出现，是因为正在工作而且富有的年轻人数量多于退休的老年人，或者说，储蓄是与整个社会的人口年龄结构直接相关的。其次，在 Modigliani 模型中，储蓄的生命周期动机得到了充分的体现，但其他动机作为次要因素被省略掉了，因此作为"原始"的生命周期假说有两个缺陷：一是对不确定性重视不够，二是忽视了老年人往往并不是负储蓄者的事实。后来的实证研究表明，消费者生命周期的财富呈明显的驼峰状，但随年龄的增加，财富的下降要比莫迪利安尼预测的慢。这表明对消费者遗产动机和不确定性的忽略，降低了该理论的解释效果。与 Modigliani 不同的是，Friedman（1957）明确表示消费者积累财富的目的之一便是预防未来收入难以预料的下降，即考虑到了消费者的预防性动机，且更为强调个人的遗产动机。但是，由于他把研究重点放在区分持久收入和暂时收入以及持久收入的估算问题上，而非消费者的储蓄动机和消费者行为特征上，所以不确定性因素并未真正纳入其理论模型。

第二节　不确定性下的现代消费理论

消费者面临的环境实际上是不确定的环境，其决策也是一个在非确定性条件下的连续决策问题。由于传统消费理论对消费者不确定性下的消费不能给出满意的解释，就出现了不确定性下的消费理论，其中以预防性储蓄假说和流动性约束假说的影响最大。

一、预防性储蓄理论

我们知道，经济学意义上的居民储蓄，指居民可支配收入减去消费后的差额。因此，用于解释储蓄行为的理论实质上直接或间接地解释了消费行为。

预防性储蓄的主要内容是说明消费者在进行跨期消费决策时，不仅将财富平均分配于整个生命周期，而且还要防范未来不确定性事件的发生。不确定性同当期消费呈负相关关系，同储蓄成正相关关系。不确定性越高，消费者当期消费越谨慎，为应付未来的储蓄就越多。利兰德（1968）在《储蓄和不确定性》一文中构造了一个两期模型，得到当效用函数的三阶导数大于零时，确定性等价理论不再成立，消费者将采取比确定性下更为谨慎的行为：由欧拉方程可知，

$$u'\ (C_t)\ =\beta\ (1+r)\ E_t u'\ (C_{t+1}) \tag{3.5}$$

令 $\beta\ (1+r)\ =1$ 则 $E_t u'\ (C_{t+1})\ =u'\ (C_t)$，当效用函数为二次型时，效用函数三阶导数等于 0。边际效用 $u'\ (C_t)$ 为线性函数，$E_t u'\ (C_{t+1})\ =u'E_t\ (C_{t+1})$ 代入（2.5）可得 $uE_t\ (C_{t+1})\ =u\ (C_t)$，$E_t\ (C_{t+1})\ =C_t+\omega_{t+1}$。当效用函数不是二次型时，效用函数的三阶导数不等于零，令效用函数的三阶导数大于零，边际效用 $u'\ (C_t)$ 为凸函数，则 $E_t u'\ (C_{t+1})\ >u'E_t\ (C_{t+1})$。代

入（2.5）得 $E_t(C_{t+1}) > C_t$。从中可以看出未来的预期消费水平要高于当期消费水平 C_t，相对于确定性条件下的消费者会进行更多的储蓄，消费行为也会变得更加谨慎。

事实上，预防性储蓄理论的核心就是对不确定性存在及其影响程度进行测度和检验。然而迄今为止，尽管预防性储蓄理论的研究取得了一些进展，但由于没有一个一致的不确定性定义，以致目前存在多个预防性储蓄理论，它们之间既不相同，也难以彼此说服，其根源就是关于不确定性的衡量指标难以统一，从根源上讲就是人们对收入不确定性的不同测度方法。可以说，有多少个不确定性的度量，就有多少种预防性储蓄理论。

从现有文献看，对收入不确定性的处理方法大致可归结为三类①：

第一类是使用模拟方法，即假定一个特别的储蓄模型是正确的，并且可计算出模型所暗示的预防性储蓄的数量。这类方法由克里寇夫（Kotlikoff）、斯金纳（Skinner）、扎得斯（Zeldes）和卡巴雷罗（Caballero）等提出。使用这种方法已证明，给定真实的参数值，收入不确定性会产生相当大数量的储蓄和财富。例如，斯金纳（Skinner）和卡巴雷罗（Caballero）发现收入不确定性可以解释美国家庭净财富的60%。

第二类是使用间接变量代替风险的计量经济学方法。例如用户主职业等代替家庭所面临的风险状况。例如，Skinner 使用基于职业的变量来区分不同风险类型的家庭。

---

① 参考朱春燕、臧旭恒：《预防性储蓄理论——储蓄（消费）函数的新进展》，《经济研究》2001 年第 1 期，第 85 页。

第三类方法由吉索（Guiso）、贾泊利（Japelli）和特里泽斯（Terlizzess）提出的，他们使用自我报告的未来收入的主观风险的分布来测度家庭所面临的不确定性。Guiso 等使用 1989 年和 1990 年的意大利家庭收入和财富调查数据资料，利用人们主观估计的来年收入的不确定性，研究了人力财富的不确定性对消费的影响。这种研究方法是新颖的，为预防性储蓄理论的研究开辟了新的道路，并避免了使用中间变量的间接代替风险的弊端，但这种直接数据的个人主观任意性太大，且受限于被调查人对被询问问题的理解程度。

二、流动性约束假说

在预防性储蓄理论取得重大进展之际，流动性约束假说也发展起来。流动性约束假说认为，当消费者在低收入时期不能通过变现金融资产或借款来保持正常的消费水平时，他将面临流动性约束。因此，消费水平将低于消费均值。流动性约束（Zeldes，1989）假说证明，流动性约束不论何时发生，都会使一个人的消费比他想得到的更少。即使发生于未来也会减少消费者的当期消费。

最早关注流动性约束问题的是 Flemming（1973）以及 Tobin 和 Dolde（1971），他们认为把流动性约束纳入储蓄模型中是相当重要的。Zeldes（1989）将流动性约束定义为某一较低的资产水平（相当于两个月的收入），他认为消费者所拥有的财产低于两个月的收入，他就是受流动性约束的．在这一判断标准下，消费的变化和滞后收入之间有显著的统计关系。Jappelli（1990）利用

Zeldes 的标准划分样本时，发现 8.3% 的被拒绝贷款的消费者有较高的财富收入比。这表明除了收入和金融资产外，其它经济和社会因素同样可以影响消费者的借贷能力。在贾泊利（Japelli）的研究基础上，加西亚、卢萨利亚和赛琳娜·吴（Garcia, Lusaria & Serena Ng , 1997）利用更多的信息（包括经济的和社会的）建立了消费者的借贷能力的概率函数，他们采用 1980 到 1987 年间的数据进行回归分析，结果表明流动性约束在影响消费和储蓄行为方面起着重要作用。

三、缓冲存货储蓄理论（Buffer – Stock Saving Theory）

卡罗尔（1991，1992；1995，1998）和迪顿（1991）结合流动性约束和预防性储蓄假说提出了缓冲存货储蓄理论。在标准预防性模型的假设中加入不耐性（即较高的时间偏好率或较低的折现因子），就会得到该模型。在缓冲存储模型中，消费者持有资产（储蓄）的目的在于防止消费受不可预料的收入波动的影响。假设消费者的跨时最优化问题为：

$$\max E_t \sum_{i=t}^{T} \beta^{i-t} u\ (C_i) \tag{3.6}$$

$$W_{t+1} = R\ [W_t + Y_t - C_t] \tag{3.7}$$

$$约束条件：Y_t = P_t V_t \tag{3.8}$$

$$P_t = GP_{t-1}N_t$$

其中，P_t 为除去暂期收入波动的持久收入，等于上期持久收入乘误差项 N_t（随机均值为 1），Y_t 为当前劳动收入，它等于持久收入乘暂期误差 V_t（随机均值为 1）；W 为净财富，X 为总财富；$G = (1+g)$ 为持久收入的增长因素，$R = (1+r)$ 为总利率，$\beta = 1/(1+)$ 为贴现因素，δ 为贴现率；N_t 为呈对数正态分布的白噪声系列，效用函数为 CRRA 形式，$u(C) = C^{1-r}/(1-r)$，r 为相对风险厌恶系数。假设不确定性收入为一随机过程，当 V_t 和 N_t（不为零时）服从对数正态分布。对消费者而言，任何时期的最优化消费取决于总财富、家庭资产和当前收入，三者间的关系可表示为：

$$X_t = W_t + Y_t \tag{3.9}$$

总财富由下式决定：

$$X_{t+1} = R(X_t - C_t) + Y_{t+1} \tag{3.10}$$

定义小写字母为大写字母变量除以持久收入，如 $c_t = C_t/P_t$。假设消费者在最后时期 T 花光所有财富，则在最后时期之前的最优消费方程为：

$$u'(C_{T-1}) = R\beta E_{r-1} u'(C_T) = R\beta E_{T-1} u'(X_T) \tag{3.11}$$

又由于：

$$x_{t+1} = R[x_t - c_t]/GN_{t+1} + V_{t+1} \tag{3.12}$$

由此可得：

$$u'(C_{T-1}) = R\beta E_{T-1} u'\{[R(x_{T-1} - c_{T-1})/GN_T + V_T] GN_T\} \tag{3.13}$$

对于任何给定的总资产比例 x_{T-1}，该方程隐含地定义了最优消费比例 $c_{T-1}(x_{T-1})$。由此，在时期 T-1 和 T-2 之间可得出相似的欧拉方程，继续逆推即可得出第一时期的最优消费值。

该理论认为，储蓄相当于一种缓冲存货，在境遇艰难时维持消费，而在境遇如意时增加消费。缓冲存货储蓄者一般会定有一个财富对持久收入的目标比率，如果财富低于目标，预防性储蓄动机将战胜不耐心从而增加储蓄，在相反情况下，不耐心占据上风，从而使消费者倾向于选择负储蓄。它为研究宏观、微观消费、储蓄提供了一种新的方法，并解决了一些标准的 LC/PIH 所无法解释的困惑。

第三节　消费社会与城市

一、消费社会

第二次世界大战之后，西方发达国家进入了稳步而快速的发展阶段，各种技术、管理体制和运营方式不断革新，尤其是近年来，信息技术方面的革命性突破以及全球政治、经济的一体化快速发展，为西方社会的发展提供了物质基础；而 20 世纪中叶开始的各种社会运动和文化思潮尤其是后现代思潮的兴起，为西方社会的变革提供了思想基础。科技的飞速发展，经济的持续繁荣，社会、经济结构的不断变革，世界观、价值观和审美观的转变……针对这些西方社会所发生的深刻变化，学者们从各自的角度提出了富裕社会、信息社会、后现代社会、后工业社会、晚期资本主义社会、奇观社会、消费社会等种种说法和理论，试图概括自 20 世纪中叶至今西方社会的发展特点，并以此区别于之前的工业社会。虽然说法众多，但是大家比较公认的事实是：西方社会正在转型，社会经济结构中心逐渐由生产转向消费，消费逐渐成为社会生活的重心，即以生产为主导的工业社会转变成了消费社会。虽然各国学者对西方何时进入消费社会这一问题存在争执，但"已经进入消费社会"这一判断已成为共识，而且消费文化已成为西方社会的主流文化形态，并伴随全球化扩张到世界各地。

二、城市由生产中心向消费中心转型

进入消费社会，欧美城市在生产方式和消费方式上都发生了转型，并最终由生产中心与工业中心转变成为消费中心与文化中心。

从城市生产方式上看，工业社会的福特主义生产、管理和运营体制已逐渐被"灵活积累"的后福特主义模式所替代，欧美城市以制造业为代表的传统产业正在不断萎缩，而更具创新性和附加值的信息技术产业、文化产业以及服务业逐渐开始主导城市的经济。城市生产方式的转型，造成内城大量生产、运输及仓储用地的闲置，再加上住房和土地市场的进一步自由化，这为房地产开发和城市更新提供了空间和机会。金融资本投资的重心也由生产空间向文化空间和消费空间转移，消费空间的生产成为城市建设的重点。近几年，为满足不断增长的金融和商业发展的需要，为在城市竞争中吸引到更多的投资和人才，许多城市强化了文化商品的生产和城市形象与特色的"生产"。此外，随着西方自由市场化的推行，政府明显缩减了社会福利开支，许多原先靠政府财政支持的各种公共服务机构不得不走向市场开始自负盈亏，它们借用商场的生存之道，开始与各种商业活动相结合，提供各种服务或文化商品，商业消费活动也随之渗透到了博物馆、展览馆、学校、机场等非商业空间中。因此，文化商品、金融与信息服务、休闲服务、教育服务等非物质商品生产成为社会生产的重点。

从城市消费方式上看，一方面，随着城市生活水平的不断提高、商品的日益丰盛、工作时间的缩短以及节假日的增多，人们的消费模式和观念都发生了极大的变化。购物、休闲、娱乐等消费活动已成为人们满足生理和精神需求、提高生活品质、完善自我、追求个性化发展的重要活动。另一方面，由于消费方式逐渐成为社会区分的主要标准之一，建筑与空间在成为商品后，其符号价值的重要性在消费过程中日益凸显。建筑或空间的区位、环境、形象、体验及其所带来的品味、身份意义，成为许多城市居民空间消费的主要内容。例如，经常在跳蚤市场购物、或是经常在普通商场购物、或是经常在精品购物中心购物，这几种不同地点的消费不但得到的空间体验是不同的，而且也足以显示出消费者的身份差异，而消费空间的不同正是构成这种差异的重要内容。从这个意义上讲，在今天的社会消费活动中，人们已逐渐从对空间中物品的关注转向对空间本身的关注。此外，城市服务业的发展以及城市环境的不断改善，城市正在变得更具娱乐性与休闲性，于是依托于购物消费和城市观光的都市旅游（Urban Tourism）开始兴起。在它的带动下，城市中的特色空间、景观乃至城市的整体形象和特色都成为了吸引旅游者的重要因素。越来越多的城市认识到了这一点，在不断优化城市"硬件"的同时，开始将注意力转移到了城市"软件"的建设上——复兴地方文化、提升服务水平、加大城市包装宣传力度等，这些措施使得城市本身也越来越像可供消费的商品。

三、消费与城市的融合

当今世界，消费活动已与大众的日常生活紧密地结合在了一起。人们已无法想象没有购物或者没有商店的世界会怎样？但可以肯定的是，如果缺少了购物或商店，世界定会陷入混乱或无法正常运转中。在欧美国家，除居住和工作外，用于其他功能的场所在数量上将无法与消费空间的数量相比；消费活动所吸引的人数压倒了其他各种城市活动所吸引的人数；在用于非居住功能的城市建成区中，消费场所也占据了最多的空间；从事消费行业的劳动人口，已超过了其他任何一种行业。消费已通过市场牢牢地控制了空间、建筑、城市、活动和生活。著名建筑师莱姆·库哈斯认为，当今以购物为代表的消费活动已渗透到城市生活的方方面面，并占领着其他建筑类型的领地，各种无所不在的消费空间影响着人们对城市的体验。

当人们日益卷入一个充满商品和消费的社会时，当代的消费活动也呈现出了一些新的特征（参见表3-1）。事实上，这些新的特征反映了当代消费的影响力已从经济层面向城市的空间、文化、社会等各个层面拓展和延伸，并与城市更加紧密地结合在一起。目前，由于消费在促进城市就业、解决公共机构生存、引导城市建设、发展都市旅游、推动城市经济增长、增加城市竞争力等方面有着较大的推动作用，消费已经融入世界各国城市发展的战略之中。尤其是在欧美发达国家，各个城市一方面通过消费空间、节庆场所、奇观建筑以及文化设施的建设，进而生产、包装、买卖和消费着各式休闲、娱乐、奇观和快乐，城市也逐渐由生产中心转变为消费中心；另一方面，由于"形象、活力和文化成为城市全球化竞争的主要内容"，城市越来越注重城市符号和象征意义的生产、包装、宣传和销售，这促使城市本身也成为了可供消费的商品。但是，在城市由生产中心向消费中心转型的过程中，由于美国与欧洲社会文化背景与现实条件的不同，它们通过消费发展城市的方式也不尽相同。

表3－1　当代消费活动的新特征

当代消费活动的新特征	具体内容	城市空间的反应
从简单购物到复合性消费	消费活动涵盖了购物、休闲、娱乐、旅游、健身、教育、交往等各种活动	大型综合性购物空间（购物中心、节庆场所等）不断出现
从使用价值到符号价值	消费更关注商品所蕴含的品位、身份、地位、生活方式等符号意义	奇观建筑消费、空间体验消费、城市形象与特色消费的兴起
从经济活动到社会文化活动	消费过程也是情感体验、身份区分、自我价值实现和社会整合的过程	消费空间成为城市社会交往整合的主要的公共活动场所

第四节　美国：消费空间引导城市发展

美国可以说是世界上第一个进入消费社会的国家。20 世纪初，大众消费在美国社会开始居于支配地位。哈佛大学历史系教授莉莎贝思·科恩指出："在 20 世纪 20 年代期间，大众消费——标准化的品牌商品的生产、分配和购买和旨在范围最广泛地使公众购买成为可能——越来越普遍。到 20 世纪 20 年代结束之时，大多数美国人不管他们开销了多少钱，都承认大众消费在整个国家中的主导地位日益上升"。美国也是一个典型的以消费拉动经济的消费型社会，"调查显示 20 世纪 90 年代末，63% 的年收入在 50000 ~ 100000 美元的美国家庭存在信用卡透支现象，美国家庭平均只将 35% 的可支配收入用于储蓄"。美国拥有世界上最多的零售空间，2000 年约为 7.72 亿平方米，占全世界零售空间的 39% 。依据国际购物中心委员会（ICSC）的统计数据，截至 2005 年美国共有 48695 家购物中心，其中 3 万个以上的购物中心的营业面积超过了 10 万平方英尺，有 437 家超过了 100 万平方英尺，这些购物中心的销售总额已达到 2.12 万亿美元。而且，美国拥有最具消费主义色彩的商品品牌（麦当劳、肯德基、可口可乐、耐克等）、游乐场所（迪士尼乐园）以及城市（赌城拉斯维加斯、时尚之都纽约）。因此，美国可以说是全世界最典型的"消费王国"，消费作为一种工具理所当然地融入了城市的发展策略中，这主要体现在购物中心与战后郊区社会的发展、消费节庆场所与内城复兴两方面。

一、购物中心与郊区社会发展

第二次世界大战之后，由于高速公路网的建设和小汽车在家庭中的普及，美国开始了大规模郊区化的进程，人口从城市向郊区大量外迁。居住的郊区化，导致了购买力的外移，为郊区居住区配套的购物中心等新型郊区型消费空间也开始大量的出现并迅速扩张。

"美国郊区化的扩散，就是商业设施构成大都市区的基本要素"。据美国和加拿大的统计，1957 年仅有 2700 座购物中心，到 1973 年就已达到 17000 座以上。商业零售业的郊区化成为不可阻挡的趋势，在美国，20 世纪 50 年代郊区销售额仅占城市区销售额的 40%，20 世纪 60 年代中期这一比例上升至 50%，20 世纪 70 年代后期超过 75%。这些购物中心一般选址于郊区高速公路附近，规模庞大，建筑面积在数万至数十万平方米不等；可以为前来的顾客同时提供日常消费和享乐型消费，一般包括百货店、大卖场以及众多专业连锁零售店、电影院、游乐园、餐饮店、社区服务、文化教育等设施，而且配设大面积的停车场库，为周边开私家车过来消费的居民提供了极大的便利。其主要特点是功能设施完善、业态复合度高、自成体系、消费环境人工化和步行化，消费出行以小汽车为主要工具；功能定位于家庭，能满足一站式购物消费服务，并可提供休闲、文娱、餐饮、展览、旅游、社区活动等全方位的服务。以位于明尼苏达州的美国广场（Mall of America）为例，建筑面积约 39 万多平方米，提供 12750 个免费停车位，是美国最大的购物娱乐中心：拥有520家商店，其中包括4家大型百货公司；还有40多家餐馆、一个14厅的集合电影院和8家夜总会；同时，为人们提供高尔夫球场、史努比游乐园以及一个穿越4个生态圈的水下航行等游乐项目。目前，购物中心的年客流量达4250万人次，已成为全球闻名的"旅游景点"和休闲度假的好去处。此外，由于每天早晨7点开门为附近居民提供晨练场所，以及设置了大量的公众服务和教育设施，因而美国广场也就成为了周边居民生活、交往的公共活动中心。

这些郊区购物中心设计和建造的初衷是为了模仿旧有的城市商业中心，并努力营造郊区社会的生活中心。购物中心的发明者维克多·格伦认为购物中心通过提供各种人们所需的商品、服务以及活动场所，已呈现出都市有机体的特质，并成为郊区生活的中心——购物城镇（Shopping Town）。在他的理念中，购物商场等同于城市中心，通过提供社会生活的机会，在一个受保护的步行环境内进行消费娱乐，并与公众和教育设施相结合，购物中心可以为现代化的社会生活提供所需的场所和机会，就像古老的希腊市场、中世纪的市场和城镇广场一样。

事实上，以购物中心为代表的郊区商业消费空间确实逐渐成为美国郊区居民生活中的核心公共空间，在实际功能和生活观念上大有取代旧城中心的趋势。其对旧城中心区内传统商业空间所造成的冲击也是内城衰败的重要原因之一。虽然近些年来，郊区购物中心由于存在浪费土地、过分依赖小汽车交通、与周边郊区环境脱节、缺乏文化内涵等弊端而受到了许多批评，发展也逐渐放缓但是它的一些空间模式（模拟城市结构、步行化环境、混合性功能业态等），却被广泛地运用到内城复兴的开发与建设之中。

二、消费节庆场所与内城复兴

20 世纪 70 年代的能源危机，以及内城的持续衰败和面临的文化危机，促使西方社会开始从节约能源的角度对其郊区化的发展模式进行重新审视。此外，由于社会从工业经济向服务经济转型，城市在传统工业衰退的过程中，为内城的更新提供了大量可供开发和置换的土地。再加上对城市传统空间、历史文化和活力的怀念，美国的城市建设重点逐渐由郊区建设转向了内城复兴，各城市纷纷对内城破旧的历史街区或工业仓储、码头等城市衰败或被遗弃的区域进行更新改造。在这一过程中，消费同样发挥了巨大的作用，综合性消费商业空间和带有明显节庆色彩的公共空间的开发与建设成为美国城市复兴与旧城改造的主旋律。迈克·克朗认为，"城市中出现了将城市本身作为消费场所的复兴运动。消费空间增加的一部分原因是寻求解决城市里非工业化问题的城市复兴战略的应用。那些曾经是劳动的景观现在成了休闲的景观；以前的船坞、工厂成了艺术中心，它们或被改建成住宅或被改建成庆祝活动的场所"。

在内城复兴运动中，美国的罗斯房产发展公司（James Rouse）可谓是最为成功的开拓者。20 世纪 50 年代，罗斯房产发展公司参与了波士顿被遗弃滨水区的复兴项目，他们在昆西市场（Quincy Markets）和斯科雷广场（Scollay Square）的再发展计划中，通过设置大量休闲、购物设施以及营造欢快的节庆氛围（主要包括一个综合的主题公园娱乐设施、休闲购物场所、街道剧场以及其他的服务设施），使市区内的一块衰败区很快成为了世界旅游观光的焦点，并成为波士顿形象的代言空间。波士顿的成功为其他萧条的城市进行效仿提供了一个发展模式，并从最初的美国扩展到全世界，包括巴尔的摩内港（Inner Harbor）、纽约的南街海港（South Street Seaport）、伦敦的 Docklands、悉尼的达令港（Darling Harbour）等。

这些场所的复兴一般以房地产开发、消费商业发展、地方文化复兴相整合的模式进行，其重点是对反映城市发展印记或具有历史文化价值的空间、建筑或设施进行保留并改造，甚至进行功能置换；对整体交通、环境、景观进行综合整治；强调空间的功能混合，设置购物中心、文化中心、休闲娱乐空间、办公商务建筑、艺术工作室甚至高档公寓等；结合地方文化传统组织节庆狂欢活动，并借机发展都市旅游。由于营造了良好的文化环境与节庆氛围，以及充满活力的购物与休闲娱乐功能，因而这些场所受到许多中产阶级、青年人、文化人士和艺术家的青睐，最终促使了人流向市区的回流。事实上，从景观破旧、环境恶劣、犯罪率高的衰败空间向充满活力的消费节庆空间和旅游景点的转变，不但刺激了城市经济的发展，而且还促进了地方文化的推广，提升了城市形象。迈克·费瑟斯通认为："这是一个称为后现代化的过程。它表明通过投资新型模式，重新构建了全球性的社会空间联系。由于内城中心地带的重新开发，也导致了与城市中心消解相反的一种趋势。后现代化过程必然使内城区域与码头之类的城市边缘脱离工业化过程，成为新中产阶级成员之聚集地，并将之开发为旅游业与文化消费的场所"。从某种意义上讲，城市复兴甚至成为了消费空间开发的代名词。

50多年来，商业消费空间从市区到郊区然后再返回市区的过程，也是美国城市发展演化过程的重要组成部分，并成为城市空间演替的主旋律之一。

第五节 欧洲：消费发展与城市认同走向融合

欧洲的消费空间可以追溯到古老的希腊市场（Greek Agora），围绕着广场、街道形成的集市、商店与路边摆放座椅的咖啡店和酒吧形成了具有欧洲特色的消费空间。它们既是购物消遣的场所，也是日常生活中重要的社交场所。19世纪出现在巴黎的拱廊商业街道，是消费空间历史上一次重要的飞跃，它重新定义了城市的体验。

通过购物活动将原先分割开的城市街区连接成了整体，街道被整合成了一种特殊的公共空间。它的出现对后来的购物中心的发展，起到了启示性的作用。但是，第二次世界大战之后，欧洲消费空间的发展并不是一帆风顺的，在强大的美国消费文化的影响下，它经历了从盲目接受美国消费模式到冲突与抵制再到另辟蹊径的过程。

一、美国式购物中心的引入

战后美国国内郊区购物中心快速发展的同时，也逐渐使得美国的购物空间模式——大盒子的购物中心开始向世界蔓延。20世纪 60 年代，在家乐福等零售业巨头公司的推动下，这种"大盒子"建筑在欧洲各国陆续开始出现，综合超市与仓储式超市等大型消费空间逐渐普及。从 20 世纪 80 年代开始，服务于次区域和区域的更大规模的购物中心也开始出现。这些欧洲新型购物空间首先继承了美国式购物空间的巨大规模，超级商场的平均规模达到了 12542m^2（之前的平均面积约为 5000m^2）。由于受到城市中心区空间的限制和高昂地价以及交通的困扰，大型零售商更倾向于在都市外围建造购物消费空间，"低地价、可利用性、可达性"成为新型购物空间的选址标准。从 20 世纪 90 年代中期，法国 80% 的购物中心位于郊区。1995 年，德国郊区购物中心以每周开放一家的速度建造。这样，一种不同于欧洲传统方式的全新购物体验产生了。

到 1996 年，大规模的零售商控制了欧洲商业贸易的主要份额：在法国超过了 90%，德国超过了 75%，意大利超过了 55%。在西班牙，从 1986 年到 1994 年，位于城市中心的小商店数量已经下降了 30%。大型购物空间向欧洲城市的渗透，使得欧洲的城镇面临着严峻的形势，主要的忧虑集中在以下几方面：（1）位于城市边缘的大体量购物空间，从根本上改变了欧洲城市和乡村的面貌，对城镇已有尺度、天际轮廓、肌理和景观造成了破坏；（2）单调同一的购物景观和体验，减少了欧洲城市生活的多样性，并对传统文化造成了冲击；（3）商业消费活动的外移，造成城市旧城活力的不断分散和城市特色本质的衰弱。欧共体委员会（CEC：Commission of the European Communities）1990 年发布的《城市环境绿皮书（Green Paperon the Urban Environment）》中就指出城市外围大型购物中心的不断涌现是城市环境恶化及中心衰退的重要原因之一。

二、消费的控制与欧洲城市认同

欧洲人从 20 世纪 80 年代开始发起了抵制大型购物空间的行动。这种抵制实质上是一次保留欧洲认同的尝试，因为"欧洲人对自身的认同是通过他们的城市，并且这种不曾预料到的空间和物质秩序的改变实际上会是一个对欧洲特质的生硬伤害"。

事实上，这种文化上的认同已经沉积到了城市的历史建筑、街道、广场、天际轮廓、肌理等城市物质环境中，并已深深地融入到了城市的结构之中。巨大的美国式购物中心无疑会割裂这种结构，这相当于削弱了城市结构所支撑的文化与传统。认识到这一点之后，欧洲各国开始限制大型消费空间在城市中的建造计划。

意大利是抵制大型商业空间最顽固的欧洲国家之一。1971 年执行的 426 法令，规定建造超过 1500m^2 的新商场或在人口少于 1 万人的城镇中建造销售面积超过 400m^2 的新商店，都必须获得地区政府的准许。20 世纪 80 年代在准入许可方面的轻微放松造成了大型购物空间的流入，但是 20 世纪 90 年代开始强化了法律，则明显地降低了进入的门槛。法国也较早地对大型零售业的发展引入了限制性法令。1973 年的罗伊法令（Loi Royer Law）规定，超过 1000m^2 的商场建设需获得地方政府的批准，超过 10000m^2 的商场建设需获得中央政府的批准。由于控制效果不佳，1993 年 4 月，一个新的法令得以颁布，在 12 月内冻结了所有新的超过

$1000m^2$ 的任何形式的高级百货商店计划，而且开工建设必须得到贸易代表委员会、消费者团体以及市长的批准。1993 年颁布的法令更是限制了食品商店的规模，消除掠夺性的价格，并且向超过 $300m^2$ 的商场征税。总之，这些控制措施有效地限制了新购物中心的建造。在英国，20 世纪 90 年代中期颁布的两个法令开始减缓了大型购物中心的发展。规划政策指导第六条（PPG6）的修订本为购物中心的选址设置了"连续的考验"：第一个法令，选址地点必须是城镇中心，其次是城镇的边缘；只有当前两种地点被证明是不可行时，规划代理才能考虑城镇以外的选址。第二个法令，由皇家环境委员会建议，如果没有展示出对环境具有显而易见的益处的新商场发展计划将被禁止。这些国家措施明显保护了欧洲城市的物质环境和景观，并对传统商业中心文化与商业活力的维持起到了较大的作用，从一定程度上维护了欧洲城市的认同感。

三、"隐藏的购物中心"与文化规划

在欧洲各国一系列限制法令和措施颁布之后，如何在维护文化认同和发展消费经济之间寻求平衡，成为欧洲人不得不面对的难题。20 世纪 80 年代以来，通过消费空间与城市复兴战略的协调发展，与在文化规划的指引下销售城市的"地方文化"等模式的运用，使得城市的消费发展与文化认同从冲突走向了融合。其中一种模式是许多大型零售商主动将商业发展计划与城市的复兴发展战略相结合。在遵守控制法令的前提下，许多商店设置在城市内部并主动融入城市的肌理和景观之中，适当地进行调整以适

应商业规模效应的需求。由于大多数法令对商场的规模都有限制，因而许多开发商将空间分配成相邻的单元，这样每个单元面积就都小于被允许的规模，虽然物理尺寸被减小了，但是隐藏在店面之后的运作结构和连成整体的空间规模依然与以前一样庞大。位于伦敦的牛津大街，正是采用了这种策略，转变成了符合规模限制要求的"隐藏的购物中心"。街边历史建筑和新建筑中入驻的一系列商店，每个虽然规模不大，但聚集在一起却形成了一个巨大的消费空间，加之提供了最具吸引力的混合型业态，并对街道环境进行了改造，鼓励步行，从而提供了与购物中心相比毫不逊色的消费环境，同时在其中还能体验到伦敦的空间特色与文化传统。以前的欧美的郊区购物中心是为了模仿城市的空间，而如今"隐藏的购物中心"本身就利用了原有城市的历史文化空间，这无疑比郊区的发展计划更具吸引力。更为重要的是，这种模式不但通过消费刺激了经济的发展，而且还促进了城市中心的复兴和更新。当越来越多的城市采用这一模式时，一种类似于购物中心的运作和维护方式——城镇促进地带（Town Improvement Zone，简称"TIZ"）为许多城市的商业街区所采用。在这些街区中，街道清洁、街区安保以及景观维护都是承租人和房东的责任，这种监管方式整合了私人和公众资源，并且激发了商业与地方政府之间的合作。1990 年～2000 年，英国专职的 TIZ 的经理人数已从 8 个增长到 250 个以上。

另一种成功的模式是以"地方文化"的销售为出发点的文化规划（Cultural Planning）以及创新城市（Creative City）理念在城市发展战略中的应用。由于当代消费活动更加注重符号和意义的消费，文化商品化和文化消费在社会中的影响日益显著，欧洲各国也认识到，城市的物质空间和环境固然重要，但人们对城市的感知、解读及期待也同样重要。因此，当出售城市时，商品不仅是城市物质空间本身，还包括城市的文化因素。大卫·哈维说，"现今的城市和地方，看上去，更关注去创造积极的和高品质的城市印象……充斥某种特质、奇观和戏剧效果的组织"。① 从1980 年代开始，基于城市的文化规划在欧洲城市的政策议题中逐渐成为重点，这种规划突出了文化及其产业发展和消费的重要性，培育创新性成为地区经济复兴、赋予地方象征体系和城市特色的基本战略。正如大卫·哈维所说："文化规划需要与诸如建成环境的设计、住宅政策、零售、治安和广泛的经济活动等城市项目相联系，文化规划代表着一种实现城市规划的新途径"。② 由于商业消费空间在规模上受到了限制，许多开发商转而将目光投向了文化消费空间的建设和节庆活动的组织上，起码在文化外衣下消费的本质被一定程度地遮掩了。但实际上，这些文化设施和文化活动是通过地方环境氛围和文化产品来吸引观光者，这极大地促进了都市旅游的发展，并通过联动效应促进了购物、休闲、娱乐、教育等相关消费活动的发展。而相配套的公共住房计划、历史建筑的修复和新办公空间的建设以及对创意产业和人员的鼓励和优惠政策，促进了中产阶级和文化艺术、科技信息等从业人员向城市中心区的回流（工作和居住），从而形成了相对稳定的消费人群和文化商品生产者，这对城市中心活力的复兴和地方文

---

① 参见 David Harvey. Social Justice and the City ［M］. Oxford：Blackwell, 1988.
② 参见 David Harvey. Social Justice and the City ［M］. Oxford：Blackwell, 1988.

化的持续发展起到了积极的作用。苏格兰的格拉斯哥是将欧洲文化规划运用于城市复兴的成功案例之一。这个计划包括城市环境的更新，鼓励文化艺术产业的发展、新美术馆的开张和文化节庆活动的举办，特别是 1990 年城市举办的"欧洲文化之都"活动，更是提高了格拉斯哥的城市形象和知名度，吸引了大量的游客前来观光和消费。在英国，2001 年以文化商品的生产与消费为特征的创意产业在国民增值中（GVA）的比例已达 8.2%，其出口额已达 1140 万英镑，相当于当年货物和服务业出口的 4.2%。如今，"文化规划"的理念已被应用到利物浦、谢菲尔德、慕尼黑、比利时安特卫普等城市中，有效地促进了地方经济与都市旅游的发展。

郊区购物中心对第二次世界大战之后欧美城市郊区化发展的贡献是毋庸置疑的。但是 20 世纪 70 年代石油危机之后，欧美城市的发展重点都从郊区转向了市区，内城复兴成为城市建设的主旋律，其特点是消费商业、房地产开发与地方文化复兴相整合的城市更新模式。美国的内城复兴主要依靠大规模的节庆消费场所的建构。它往往涉及衰败的港口或工业地段的转变，通过功能混合、符号混杂的建筑与场所，营造出浓厚的娱乐色彩和商业气氛，并支持大量的活动（包括休闲、娱乐、旅游、购物、特殊事件以及会展、节庆活动），从而有效地支持了功能转型期的城市发展。

第六节　小结

西方的消费理论经历了一个迭代的过程，从传统的确定性下的消费理论到现代不确定性下的消费函数，表明人们对消费认识的提升，也表明消费者消费行为逐渐复杂化，消费内涵更加丰富化。

从国外的大量经验不难发现，文化以及文化消费对城市发展具有非常重要的作用。然而，我国居民储蓄率偏高是长期存在的现象，以至于在通过消费，特别是通过文化消费促进城市发展存在困难。

导致这现象的原因是多方面的。其一，经济因素（如收入、利率等）。根据凯恩斯消费函数，消费率是收入的减函数，利率一般被认为是储蓄的补偿，因此会与消费率负相关（Summers，1984）；其二，人口因素。生命周期假说认为，消费者根据一生预期总收入来平滑各期消费，因此会在工作期内进行净储蓄，而在其他生命阶段进行净消费（Modigliani and Brumberg，1954）。因此，一国的赡养率越高则消费率越低，反之亦然；其三，制度因素。预防性储蓄理论（Leland，1968）认为，人们会因为未来的不确定性而进行谨慎性储蓄，因此，完善的社会保障体系有助于刺激消费（Hubbard et al.，1995），流动性约束理论认为，金融市场发展滞后会限制消费者借贷，刺激储蓄（Deaton，1991）。此外，影响消费的因素还包括保险、习惯性坚持、相对消费等因素（Harbaugh，2003）。

更值得提出的是我国在消费文化方面的影响。叶德珠等（2012）通过对全球48个国家和地区在1978－2007年期间的面板数据进行研究，发现消费文化是解释消费率国别差异的主要因素，儒家文化影响力越强，消费率越低。

　　我国传统的儒家文化，并不崇尚消费。高额的消费通常被认为是奢侈和浪费。这样的文化观念也同样影响文化消费。因此，在提高收入，完善社会保障的同时，逐步引导大众确立合理的消费观念是非常重要的，而促进文化消费将在这方面起到潜移默化的影响作用。也就是说，中国的居民消费行为具有一定的特殊性，用传统的经典消费经济学理论难以解释，只有理解了中国城镇居民消费行为后，才能更好地分析他们的文化消费行为。

第四章

我国城镇居民的消费行为研究

一段时间以来，我国经济存在消费不振、居民储蓄持续增长的问题。从 20 世纪 80 年代开始，中国居民消费率就一直呈下降趋势，由 1980 年的 64.8% 下降到 2010 年的 48.50%，之后稍有回升，但 2015 年也仅仅达到 51.61%。同时期美国和欧洲各国的消费率均保持在 70% 以上。另一方面，居民储蓄余额却增长迅速，由 1980 年底的 395.8 亿增长到 2015 年底的 56.3 万亿元。在通货膨胀压力下，物价上涨幅度远超过居民存款名义利率，居民存款实际利率已经转为负的情况下，中国居民继续扩大储蓄的行为似乎显得有些"反常"。然而在消费率持续走低，市场上大量商品过剩的同时，境外消费持续增长。因此，我国居民消费水平低，不能仅仅从文化观念的角度进行解释。在供给方面，存在供给与消费结构不均衡的问题，这也是我国需要大力推进供给侧结构性改革的原因；在消费方面，仍然存在制约消费能力释放的因素，破除这些障碍才能找到刺激我国居民消费的根本路径。

第一节　相关研究

　　由于不确定性的存在，居民消费并不是平滑的。Hall（1978）提出理性预期下的持久收入假说，将生命周期理论和持久收入假说（LC/PIH）的逻辑推广到了更加普遍的不确定情况中。然而，理性预期是一个很强的、用于处理不确定性存在时的思维方式（袁志刚等，2002）。如果使用理性预期的假设前提，很多不确定性都将消除，从而外来冲击对决策毫无影响。因此，理论预期假说与前者在内在逻辑上完全一致。然而，问题就在于由于消费者在有限信息条件下，面对未来的变化并无法充分把握，因此这些假设对于解释现实存在一定的局限性。

　　预防性储蓄理论在理性预期思想的基础上进一步指出，消费者在进行跨期消费决策时，不是简单地将财富平均分配于整个生命周期，还会考虑到防范未来有可能发生的不确定性事件，而且消费者预期的不确定性与当期消费负相关，与储蓄正相关。因为在不确定情况下，消费者预期未来消费的边际效用要大于在确定情况下消费的边际效用。也就是说不确定性越高，消费者预期未来消费的边际效用就越大，消费者会因此减少当期消费，增加储蓄以应对未来的不确定性。

　　在预防性储蓄理论取得重大进展之际，流动性约束假说（Liquidity Restraints）也发展起来。流动性约束假说认为：当消费者在低收入时期不能通过变现金融资产或借款来保持正常的消费水平时，他将面临流动性约束，从而消费水平将低于消费均值。扎得斯（Zeldes，1989）的流动性假说证明，流动性约束不论何时发生都会使一个人的消费比他想得到的更少，即使发生于未来也会减少消费者的当期消费。加西亚、卢萨利亚和赛琳娜·吴（Garcia, Lusaria & Serena Ng，1997）在泽尔德（Zeldes，1989）研究的基础上，建立消费者的借贷能力的概率函数，采用 1980 到 1987 年的经济、社会数据进行回归分析，结果发现流动性约束显著影响消费者的消费和储蓄行为。

卡罗尔（Carroll，1992，1997）和迪顿（Deaton，1991）在流动性约束和预防性储蓄假说基础上提出了缓冲存货储蓄理论。在这一理论体系中，储蓄是作为一种缓冲存货而存在的，使消费者可以在境遇不佳时维持消费，而在境遇顺遂时增加消费。缓冲存货的储蓄者通常会设定一个财富对持久收入的目标比率，一旦财富低于目标，预防性储蓄动机占上风，从而增加储蓄，反之，即时消费心理会占上风，从而消费者会将储蓄拿出来消费，形成负储蓄。这一理论体系为研究宏观、微观消费（储蓄）现象提供了一种新方法，从而解决了一些标准 LC/PIH 模型所无法解释的现象。

国内最早研究不确定性下的我国居民的消费行为的是宋铮（1999），认为收入的不确定性是我国居民储蓄的主要原因。其后的研究基本上是沿着这一思路，研究未来收入的不确定性对消费影响的研究。如王端（2000）从下岗对收入的影响的角度，认为只有降低人们对未来就业风险的预期，才能提高城镇居民的消费倾向和总消费需求。齐天翔（2000）借用倒"U"型曲线来解释不确定性与收入间的关系，将不同收入水平的曲线顶点连接起来形成了一条向右上方倾斜的储蓄趋势线，表明随着收入的提高，居民对不确定性承受能力的增强。因此他未将支出纳入考察范围。施建淮等（2004）按照收入将城市分为不同的群体，用加总数据计算城市居民预防性储蓄强度，结果发现中国城镇居民的预防性动机强度并不高。在数据的选择上，万广华（2003）、罗楚亮（2004）采用的是微观家庭数据，易行健（2008）运用的是省级面板宏观数据，周绍杰（2010）则分别利用了宏观和微观数据。汪伟等（2011）则通过分析收入不平等与储蓄之间的关系来研究中国的消费问题。这些研究在分析中国特殊的消费现象时有一个共同特点：把目光的聚焦在收入以及收入分配上，分析了与收入不确定性相关的问题，然而忽略了在我国特殊的制度变迁过程中未来支出不确定性带来的冲击和影响，不完全符合中国经济转轨这一特定环境。

第二节　我国城镇居民面临的不确定性增强的具体表现

改革开放30多年来，尤其是1992年确立了市场经济地位的20几年来，我国城镇居民一直在面对社会保障和就业制度的持续改革。1978年以前，我国城镇居民所享受的社会保障体系包括住房、医疗、养老和婴儿入托等，这些社会保障内容全部由国家承担，几乎不需要个人缴纳任何费用。与此同时，我国当时实行低工资、高就业制度，绝大多数城市居民都能在各类国有单位中获得终身就业机会，且不同行业和不同地区收入差别很小。在市场取向的经济改革过程中，原有的社会保障体系被迅速打破，特别是在 20 世纪 90 年代以后呈现不断加快的趋势，这种变化使城镇居民面临的不确定性迅速增强。

一、未来收入的不确定性增强

失业风险的提升是增强收入不确定性的首要因素。我国在改革过程中失业风险的提升主要来自于以下几方面因素影响：第一，市场化改革逐步打破了计划经济时期低工资、高就业和终生聘用体制，人才流动性逐渐加快增加了失业风险；第二，随着城镇化进程加速，原来的农业人口大量进入城市，新增劳动力数量的扩大导致劳动力供给过剩，就业压力加大；第三，科技的进步和自动化程度提升，对劳动力生产要素产生替代效用，导致失业风险增加。此外，经济结构调整导致的结构性失业也更为突出。

收入差距的扩大也增强了消费者对未来收入的不确定性感知。自 20 世纪 90 年代初期之后，我国城镇居民收入的两极分化趋势不断加剧，目前城镇居民的收入差距在进一步拉大。城镇居民面临的下岗、失业等问题不断增加，使城市的失业群体有所加大，城市中形成了一个相对贫困的群体，使城镇居民之间的收入差距加速扩大，远超城乡之间居民的收入差。人力资源和社会保障部 2016 年统计报告显示，中国工资收入最高行业金融业是最低行业农、林、牧、渔业的 4.3 倍。按照中国统计年鉴数据的分组数据，中国城镇居民中最高收入户是最低收入困难户收入的 10.3 倍，这还未考虑其他隐形收入及福利性收入。

此外，我国城镇居民的可支配收入可分为工资收入和工资外收入（包括经营净收入、财产性收入和转移性收入）。城镇居民的可支配收入增长更多地体现为工资外收入的增长，2015年城镇居民家庭人均总收入中，工资性收入增长8%，经营净收入增长6%，财产性收入增长8%，转移性收入增长11%。从1990年到2015年城镇居民的工资收入在家庭收入的比重逐渐下降，1990年比重为75.82%，2000年比重为71.17%，2015年比重为61.99%，由此可见，工资外收入在城镇居民收入结构中占有的比重越来越大。然而，工资外收入不具有稳定性，因此，居民对于收入的不确定性感知必然有增强的趋势。

二、城镇居民未来支出的不确定性增强

第一，医疗支出的不确定性增强。我国计划经济时期，城镇居民医疗费用几乎全部由国家和单位支付，个人支付部分微乎其微。医疗保险体制改革后，医疗支出主要依靠职工自己支付，国家适当补助、企业给予一定的补贴，而且，纳入医疗保险系统内的药物并非全部可用药物，这种制度无疑大大增加了居民的医疗支出。此外，在我国城镇居民中还有44.8%的居民没有任何医疗保险。

第二，教育支出的不确定性增强。教育支出的不确定性来自于两个方面。一方面，各阶段教育收费水平收费水平逐步大幅度增加。首先，绝大多数幼儿园教育仍采取收费方式，而且公立幼儿园资源紧缺，私立幼儿园费用昂贵。中小学虽然是义务教育，但是课堂外教育支出在城镇居民教育支出中占的比例越来越高。

大学教育费用也在呈现上升趋势。另一方面，大学持续扩招，职业教育发展乏力，导致劳动力供求结构失衡，相对短缺的职位不切实际地提高准入学历门槛使得整个社会劳动力的教育周期拉长，增加了教育支出。

第三，住房支出的不确定性快速增强。2008 年以来，我国大中型城市房价快速上涨，远超城镇工薪阶层的收入增长幅度。近几年来，我国各地陆续出台了严格的房地产调控政策，但是房地产价格并未出现明显的下降。由于我国实行的户口制度、学区房制度等，年轻夫妻以及有学龄儿童家庭为子女读书等问题，自购商品房成为城镇居民家庭未来的重要支出之一。由于商品房价过高，广大中低收入家庭对政府经济适用住房寄予厚望，而经济适用住房供应量又非常有限，供需矛盾非常突出。第四，养老支出导致的不确定性增加。截至 2011 年底，全国 60 岁以上老年人口达到 1.85 亿，占总人口 13.7%。据民政部部长、全国老龄办主任李立国介绍，目前，我国人口老龄化已经进入快速发展期。到"十二五"期末，全国老年人口达到 2.21 亿，80 岁及以上的高龄老人将达到 2400 万，65 岁以上空巢老人超过了 5100 万。随着中国老龄化的加剧，退休人员的逐年递增，我国用于养老方面的支出将越来越大。

三、流动性约束巩固了城镇居民的不确定性

金融发展对居民的消费也有很大影响。由于我国金融市场的不完善和社会转型对城镇居民产生的流动性约束，巩固和增强了他们的不确定性感受。具体表现在：第一，我国的消费信贷还滞

后于经济发展。消费信贷是由金融机构和企业向信贷者提供的以特定贷款或赊销为对象的贷款消费。消费信贷是增加消费的"助推器"，我国的商业银行开始提供个人消费信贷服务，但是受整体社会信用制度欠缺的限制，目前这类贷款的绝大部分还只是住房信贷和其他一些数量有限的个人消费信贷，而且程序繁琐，使很多计划通过消费信贷"超前消费"的消费者望而却步。第二，在社会转型过程中，随着城市人口流动性的加剧以及社会信用保障机制的缺失，亲友之间的交流频率和信任度下降，而国家加大了打击非法民间集资等行动，增加了流动性约束。流动性约束创造了一个影子价格，这个影子体格在居民决策中所起的作用类似于利率，它使受到流动性约束影响的居民在确定消费水平时就好像面临着一个更高的利率水平，使得居民消费将比不存在流动性约束时少。

第三节　不确定性增强的制度经济解释

中国经济的市场化改革是在原有计划经济的基础上逐步推进的。为了避免改革带来太大的社会震荡，一些政策随时间和周围政治经济环境的影响，一直处于不断变化和改动之中，这就不可避免地给人们带来制度不确定性预期。

任何人都是有限理性的，改革的决策者亦是如此。因此，各项新推出的改革措施在一开始都具有过渡性，是在原有制度上的修正和有限的制度改良，而不是对正式制度一次性地进行替换或革命。这种过渡性制度安排和制度改良具有非均衡和不稳定的性质。改革决策者虽然认定了改革的必要性和方向，但由于信息的不充分和未来的不确定性，只能采取试着看的态度，因此在具体操作上留有余地，这就给相关的制度进行再次安排和调整留下了余地，从而使与改革有关的行为主体之间的博弈不是一次性的，而是重复博弈。

由于改革的动态化目标设定，使人们难以事先合理预期自身未来利益，因此也很难明确自己当前行为在未来的受损/获益程度如何。这使得行为主体对未来制度的不确定性预期大大增强。在这种不确定性预期下，居民的消费（储蓄）行为只是其中的一个具体表现。

第四节　实证分析

一、模型

下面将通过模型分析流动性约束、预防性储蓄以及不确定性间的关系及其对消费的影响。

考虑一个标准的多期消费—储蓄决策问题，假设消费者不受流动性约束，没有遗产动机，并且生命周期是 T；该消费者开始做决策的时期为 t 期，该期获得确定性收入 y_t，w_t 表示消费者在时期的财产；假设消费者面临的收入的不确定性，即 y_t 是一个随机变量，$t=1, 2, 3\cdots, T$；效用函数是时际可加和凹的（ $u'' <$

0）。消费者对未来消费的折现率为 θ，储蓄的利息率为 r。在此环境下，多期限的储蓄形成了一个动态的财产积累过程。这个过程可以由如下方程来表示：

$$w_{t+1} = (w_t + y_t - c_t)(1+r) \qquad (4.1)$$

$$\text{s. t. } \max_{\{c_t\}} \sum_{t=1}^{T} E\left[(1+\theta)^{-t} u(c_t) \mid I_1 \right] \ y_t \epsilon I_t, \ w_t \ge 0, \ t=1,2,3\cdots, T \qquad (4.2)$$

这里 $E(\cdot)$ 表示预期，I_1 表示 $t=1$ 时所有信息的集合。换言之，消费者是要在未来收入过程的限制下，求得未来预期的，并经过折现后的消费效用总和的最大值。消费者将通过求出一个最优化的消费序列 $c_1, c_2, \cdots, c_T$ 来达到这一点。对任一时期 $t < T$，定义价值函数（Value function）为

$$V_t(w_t) = \max_{c_t} E\left[\sum_{s=t}^{T} (1+\theta)^{-(s-t)} u(c_s) \mid I_1 \right] \qquad (4.3)$$

则 Bellman 动态最优化方程为

$$V_t(w_t) = \max_{\{c_t\}} \left[u(c_t) + (1+\theta)^{-1} E[V_{t+1}(w_{t+1}) \mid I_1] \right] \qquad (4.4)$$

在最优条件满足的情况下，把方程（4.1）代入式（4.2）中，得到对该式的最大化的一阶条件（FOC）是：

$$u'(c_t) = (1+\theta)^{-1}(1+r) E[V^t_{t+1}(w_{t+1}) \mid I_1] \qquad (4.5)$$

再由 envelop theorem，对式（4.4）中的 wt 求导，得到

$$V'_t(w_t) = (1+\theta)^{-1}(1+r) E[V_{t+1}(w_{t+1}) \mid I_1] = u'(c_t) \qquad (4.6)$$

因此有 $V'_{t+1}(w_{t+1}) = u'(c_{t+1})$，代回到（4.5）式中即得到著名的欧拉方程

$$u'(c_t) = 1 + r/1 + \theta E\left[u'(c_{t+1}) \mid I_t\right] \tag{4.7}$$

特别地，当 $r = \theta$ 时，上式简化为：

$$E\left[u'(c_{t+1}) \mid I_t\right] = u'(c_t) \tag{4.8}$$

也就是说，消费者的最优选择是使下一期的边际效用与本期边际效用相等。在某些特殊条件下，我们可得到两期的边际效用相等，并由此推出两期的消费量也相等。但在一般情况下，c_t 与 c_{t+1} 的关系取决于效用函数 $u(c)$ 的性质。当 $c_{t+1} > c_t$ 时，未来消费总是高于现在消费，也就是说，消费者现在多储蓄一些以备将来之用。这就产生了预防性储蓄（precautionary saving）行为。

将（4.7）式 $1 + r/1 + \theta E\left[u'(c_{t+1}) \mid I_t\right] = u'(c_t)$ 中的 $u'(c_{t+1})$ 用泰勒公式展开，并取其二次多项式作为近似，可以得到：

$$u'(c_{t+1}) \approx u'(c_t) + u''(c_t).(c_{t+1} - c_t) + \frac{u'''(c_t)}{2}.(c_{t+1} - c_t)^2 \tag{4.9}$$

把（4.9）式代入（4.7）式并整理得：

$$E_t(c_{t+1} - c_t) = (1/2)[-u'''(c_t)/u''(c_t)]E_t[(c_{t+1} - c_t)^2] + (\theta - r/1+r)[u'(c_t)/u''(c_t)]$$

$$\tag{4.10}$$

当 $r = \theta$ 时，（4.10）式即变为：

$$E_t(c_{t+1} - c_t) = (1/2)[-u'''(c_t)/u''(c_t)]E_t[(c_{t+1} - c_t)^2] \tag{4.11}$$

其中 $-u'''(c_t)/u''(c_t)$ 定义为效用函数的绝对谨慎系数，用该系数来度量边际效用函数的凸性和消费者预防性储蓄动机的强度。

由此可见，在确定性条件下，真实利率和时间偏好率都等于相同常数的条件下，各期的消费水平是相等的；若只加入不确定性，其他假设条件不变，（4.10）左边可看作是 t 期的预防性储蓄量，右边是绝对谨慎系数与预期的消费变化的方差的乘积，而预期消费变化的方差恰恰代表了不确定性的程度。因此，影响预防性储蓄量的大小关键因素有两个：一是价值函数的凸的程度，即消费者谨慎动机的强度或绝对谨慎系数的大小，凸性变大，则预防性储蓄的量越多；二是不确定性的程度，预防性储蓄与方差项成同方向变化。

流动性约束或更为一般的信贷市场的不完善，是影响消费跨时分配的很重要的因素。在没有流动性约束的情况下，只有非二次型效用函数才具有谨慎动机。引入流动性约束后，二次型和非二次型效用函数都具有谨慎特征，此时在低于流动性约束起作用的财富点的财富水平上，财富价值曲线比不存在流动性约束时的边际价值曲线变得更陡峭，也就是说，在流动性起作用的财富点上加入了一个数学意义上的拐点，从而在该财富点的邻域内，价值函数变得更凸，增强了消费者的谨慎动机。

继续对式（4.11）实施变换，可得到：

$$E\left[\frac{c_{t+1}-c_t}{c_t}\right]=\frac{1}{\zeta}\left(\frac{r-\theta}{1+r}\right)+\frac{\rho}{2}E\left[\left(\frac{c_{t+1}-c_t}{c_t}\right)^2\right] \tag{4.12}$$

式中，$\zeta = -c_t\,(U''/U')$ 为相对风险厌恶系数，可定义 $\rho = -c_t\,(U'''/U'')$ 为相对谨慎系数，反映了消费者面临的不确定性的大小。由式（4.12）可知，如果 ρ 为正，预期未来较高的消费增长（反映当前的高储蓄）与预期未来消费增长的平方（反映为较大的不确定性）有关。此条件对 CRRA 以及 CARA 形式的效用函数成立。式（4.12）提供了一个测量预防性动机强度的方法。可以估计：

$$\frac{1}{M}\sum_{t=1}^{M}Gc_t + u_i = \frac{1}{\varsigma}\left(\frac{r-\theta}{1+r}\right) + \frac{\rho}{2}\left(\frac{1}{M}\sum_{t=1}^{M}Gc_t^2\right) + v_i + \eta_i \qquad (4.13)$$

此处，Gc_t 为个体 i 在时期 t 的消费增长量；M 代表样本的时期数，u_i 和 v_i 为用样本平均值代替预期值时带来的误差项；η_i 代表消费增长的变化造成的边际效用波动。结合误差项，有：

$$avg(Gc)_i = \frac{1}{\varsigma}\left(\frac{r_i-\theta}{1+r_i}\right) + \frac{\rho}{2}avg\left(Gc^2\right)_i + \varepsilon_i \qquad (4.14)$$

使用回归模型可以获得的一致估计为 $\rho/2$，而 ρ 的大小决定着预防性动机的强度。在广泛使用的 CRRA 效用函数下，$U(C) = (1-r)^{-1}C^{1-r}$，其相对谨慎系数为 $r+1$，通常 r 的范围从 1 到 4，因此 ρ 的预期值大小在 2 到 5 之间。

二、中国城镇居民不确定性大小的测度

本文利用式（4.14）中迪南（Dynan，1993）的模型测度我国城镇居民面临的不确定性大小。考虑到我国经济体制转轨导致社会不确定性增强、城镇居民储蓄行为变异主要是发生在 20 世纪 90 年代以后，本研究中我们采用 1991 – 2015 年间城镇居民相关数据对我国城镇居民预防性储蓄行为进行时间序列分析。

预防性储蓄模型（4.14）是建立在微观个体基础上的，进行实证研究最好使用比较原始的家庭调查资料数据。由于种种原因，我国公开文献中找不到这类家庭调查统计资料，本文通过《中国物价及城镇居民家庭收支调查统计年鉴》《中国统计年鉴》《中国市场统计年鉴》1991 –2015 年各省的中国城镇居民人均消费支出、收入

和 CPI 价格指数，综合得出 1991—2015 年城镇居民消费、收入及物价数据，利用这些数据，对我国城镇居民预防性行为进行估测。这种处理方法隐含地假设每个省都有一个代表性消费者，各省的总体均值数据就是该代表性消费者的行为。本文所收集的数据中，由于数据的可得性，不包括西藏、重庆、四川、海南四省（直辖市）①，共 28 个省。原始的各省各年度的消费、收入数据平均后得到各年度的中国城镇人均消费增长率和人均收入增长率。

由于方程（4.14）的两边同时出现消费增长率同一个变量，导致解释变量与误差项高度相关，这时采用普通最小二乘法估计模型参数，得到的参数估计量在小样本下是有偏的，在大样本下也不具有渐近无偏性，因此不能够直接用普通最小二乘法进行估计。龙志和与周浩明（2000）曾经也用类似模型估计过中国城镇居民在 1991 年至 1997 年的预防性储蓄动机，他们采用了广义矩法估计，但广义矩法的估计量不便于对估计进行进一步的分析，也未将收入的不确定性与支出的确定性区别开。本文拟采用二阶段最小二乘法进行估计，即先选取一些变量作为工具对解释变量做普通最小二乘回归，得到解释变量的拟合值，然后再用这个拟合值对被解释变量进行普通的最小二乘回归，这时得到的估计值就是真实参数值的无偏估计量。

考虑到收入和价格是影响居民消费能力的两个主要因素，因此可选取城镇居民可支配收入增长率和商品零售价格指数（CPI）作为工具。同时为了区分并比较收入不确定性与支出不确定性的

---

① 由于重庆在 1997 年 6 月从四川省分离出来，单独建立直辖市，由中央直接管辖，因此数据不连续，故剔除重庆和四川的数据。

大小，分别采用《中国统计年鉴》中按收入等级划分的分组收入的收入标准差和分组收入的消费标准差来替代①。综合考虑，可分别选择城镇居民分组收入标准差的增长率和 CPI 作为工具变量来反映城镇居民面临的收入不确定性的大小；选择城镇居民消费标准差的增长率和 CPI 作为工具变量反映城镇居民支出不确定性的大小。

第一阶段回归中，计算工具变量与消费增长率间的相关性。计算得出利用收入标准差的增长率和 CPI 变化率的平方拟合消费变化率的平方时，拟合度可达 0.95137；利用消费标准差的增长率和 CPI 变化率的平方拟合消费变化率的平方时，拟合度达到 0.91783，其系数都很显著。

第二阶段，首先计算收入不确定性导致的不确定感受大小。利用 Eviews 5.0 软件对模型的普通最小二乘法（OLS）结果如下（括号内为 t 统计量，下同）：

$$\text{avg}(Gc)_t = 0.06293 + 2.25014\text{avg}(Gc^2)_t \qquad R^2 = 0.3782$$
$$(1.0314) \quad (1.9736) \qquad\qquad F = 9.67$$

$$(4.15)$$

布鲁奇 - 培根（Breusch - Pagan，BP）统计量 = 0.3792，无法通过显著性检验，因此存在着异方差，不满足普通最小二乘法的古典假定。

经过对第二阶段的回归进行广义最小二乘处理，得到新的回

---

① 《中国统计年鉴》中对城镇居民收入进行了分组，划分为最低收入户（10%）、低收入户（10%）、中等偏下户（20%）、中等收入户（20%）、中等偏上户（20%）、高收入户（10%）、最高收入户（10%）。

归结果如下：

$$\text{avg(Gc)}_t = 0.05047 + 2.3126\text{avg(Gc}^2)_t \qquad R^2 = 0.9537$$
$$\qquad\quad (3.9425)\ (10.7326) \qquad\qquad F = 603.48$$

$$(4.16)$$

Breusch – Pagan 统计量 = 0.0983，通过异方差检验，F 统计量的显著程度也大幅度提高了。

采用类似的方法，计算支出不确定性导致的不确定性感受的大小。得到的最终结果如下：

$$\text{avg(Gc)}_t = 0.05826 + 2.5322\text{avg(Gc}^2)_t \qquad R^2 = 0.9792$$
$$\qquad\quad (5.7326)\ (11.7845) \qquad\qquad F = 702.54$$

$$(4.17)$$

实证结果表明，常数项及系数的估计值都十分显著。尤其是消费增长平方项的系数分别为 2.3126 和 2.5322，显著大于零，分别对应着消费者面临未来收入的不确定性和支出的不确定性时，相对谨慎系数分别为 $\rho_1 = 4.6252$ 和 $\rho_1 = 5.0644$，估测的 ρ 值处于迪南得出的范围值的高端，也就是说 1991—2015 年间我国城镇居民存在着很强的预防性储蓄动机，他们面临的不确定感很强，而且他们所面临的未来收入的不确定感比支出的不确定感更强。因此，从另一个侧面说明，解决我国居民消费不振的问题不能仅仅从收入角度入手，也要更多的关注居民由于支出的确定性对扩大消费的不良影响。

第五节　扩大城镇居民消费的政策建议

第一，逐步健全产业结构，持续提供就业岗位，降低城镇居民对未来的不确定性预期。稳定的收入是扩大消费需求的基础，要降低城镇居民对未来收入预期的不确定性，根本措施在于增加收入。随着改革的深化，逐步改变部分地区产业结构单一的问题，用多样化的就业岗位，吸收部分产业去产能过程中出现的剩余劳动力。过剩产能产业去产能过程中，失去工作的大多数是城镇居民中的中低收入者，只有通过新增产业为其提供新的就业岗位，才能够为他们带来持续的收入，使其货币工资的增长弥补住房、教育、医疗等货币化改革所造成的实物性收入的下降，从而降低他们对未来收入的不确定性预期。

第二，扩大社会保障的覆盖面，降低城镇居民对未来支出的不确定性预期。尽管我国目前的社会保障制度较之前有了很大的提升，但是城镇居民所面临的医疗和养老支出仍然存在很大的不确定性。一方面，城市还有部分中低收入者未纳入社会保障体系，应扩大社保覆盖面，尽快将这部分群体纳入社保体系当中。另一方面，宜尽早明确并完善养老、住房、医疗、教育等改革方案和时间表，使各项制度改革应在确保稳定的前提下尽快到位，把影响居民消费预期的主要改革措施明细化、具体化，从而使其消费行为更具有理性。

第三，促进消费信贷发展，解决城镇居民的流动性约束问题。目前各类消费信贷主要开放的群体是高收入的年轻人群，这部分人的储蓄率本来就不高，通过消费信贷能够释放的消费是相对有限的，而对储蓄率偏高的中老年群体，很少有适合他们的消费信贷产品。很重要的一个原因是这部分消费者适度超前消费的思想还未真正形成，很多人把借贷消费看作是一件不体面的事。政府、媒体、银行等应加大宣传使居民逐渐转变观念，认识到信贷消费是一种资源优化配置并提高生活质量的重要工具。

第四，调整收入分配制度，缩小行业收入差异。行业收入差异扩大的根本原因是垄断。大量资金和劳动力集中在部分非垄断行业，导致这些行业资金和劳动力过剩，工资水平偏低。而垄断行业所获得的垄断收益在有限的群体中进行分配，形成了垄断行业的高工资。因此，调整收入分配差距，其根本措施在于打破垄断，使资金和劳动力能够在各行业自由流动，从而平衡各行业之间的巨大收入差距。此外，应加强税收监管制度，可考虑适时开征遗产税、赠与税等，并逐步建立和完善个人财产申报的法律制度，坚决取缔非法收入和各种灰色收入；最后，强化财政的再分配职能，调高目前个人所得税的起征点，也是平衡收入差距的有效手段。

第五章

我国城镇居民文化消费状况分析

　　本章开始将着手分析我国城镇居民文化消费的实际状况。根据发达国家的发展经验和现代经济发展趋势，当人均 GDP 超过1000 美元时，社会将会对农业初级产品和工业消费品以外的产品产生新的需求，人们对文学、艺术、教育、科学等方面的支出和消费活动将大为增加，文化消费需求将进入膨胀期。而在文化消费的刺激下，相关的制造业、批发零售业、服务业也将得到迅速发展，并将成为经济发展的新增长点。目前，我国各地区人均GDP 均已超过了这个数值，2016 年人均 GDP 最低的甘肃省人均GDP 已达到 27508 元。可见，我国整体上已经从原来的满足于基本生存需要的低层次消费向高层次消费升级。

第一节 城镇居民基本文化消费状况

一、城镇居民基本消费能力

一般来说，人均 GDP 在 1000－3000 美元阶段，生存型消费（包括食品和衣着类）的比重逐步下降，发展型、享受型（包括居住类、交通通讯类、文教、娱乐用品、医疗保健类、旅游）消费比重不断上升。

目前，我国各省区人均 GDP 均已 3000 美元（表 5－1）。

表 5－1 2016 年各地区人均 GDP（单位：元）

地区	人均 GDP	地区	人均 GDP	地区	人均 GDP
天津市	115612	吉林省	54073	江西省	40220
北京市	114690	陕西省	50528	四川省	39835
上海市	113731	辽宁省	50292	安徽省	39254
江苏省	95394	宁夏	47157	广西	38042
浙江省	83923	湖南省	46063	西藏	35496
福建省	74288	海南省	44396	山西省	35285
内蒙古	74204	青海省	43750	贵州省	33242
广东省	73290	河北省	42866	云南省	31358
山东省	68049	河南省	42363	甘肃省	27508
重庆市	58199	新疆	40466	全国	55412
湖北省	55191	黑龙江省	40362	——	——

数据来源：国家统计局网站。

从总体上看，我国已经具备了发展型、享受型消费快速扩大的基本条件。

与人均 GDP 相比，城镇居民的人均可支配收入和人均消费性支出更能够反映城镇居民的消费能力。从表5-2可以看出，我国城镇居民的人均可支配收入到2016年已达到了33616元，超过了3000美元，人均消费性支出达到了17111元，也接近了3000美元。由此再次证明，我国城镇居民具备了扩大文化消费的基本消费能力。

表5-2　城镇居民人均可支配收入及消费性支出

年份	城镇居民人均可支配收入（元）	城镇居民人均消费性支出（元）
2000 年	6279.98	4998
2001 年	6859.6	5309.01
2002 年	7702.8	6029.88
2003 年	8472.2	6510.94
2004 年	9421.6	7182.1
2005 年	10493	7942.9
2006 年	11759.5	8696.6
2007 年	13785.8	9997.5
2008 年	15780.76	11242.9
2009 年	17174.65	12265
2010 年	19109.44	13471.45

年份	城镇居民人均可支配收入（元）	城镇居民人均消费性支出（元）
2011 年	21809.78	15160.89
2012 年	24564.7	16674.3
2013 年	26467	18484
2014 年	28844	19968
2015 年	31195	21392
2016 年	33616	23079

数据来源：《中国统计年鉴》各年及国家统计局网站。

二、城镇居民文化消费构成

2016 年城镇居民消费的支出水平和构成如表 5 - 3 所示。

表 5 - 3　2016 年城镇居民人均消费支出及构成

项目	人均消费支出（元）	构成
消费支出	23079	100.00%
食品	6595	28.58%
衣着	1727	7.48%
居住	4816	20.87%
家庭设备及用品	1313	5.69%
医疗保健	1506	6.53%
交通通信	2854	12.37%
文化、教育、娱乐消费	2419	10.48%
其他	595	2.58%

数据来源：国家统计局网站。

从各项消费的水平和构成上看，2016年占城镇居民消费支出比例最大的食品，占到消费支出的28.58%，而2012年时该比率为31.4%，表明我国城镇居民的恩格尔系数保持下降。其次是居住（20.87%），这是与我国当前的高房价下居民的大额刚性支出分不开的。紧随交通通信12.37%的比率后，城镇居民文化消费占到了总消费支出的10.48%，表明文化消费成为除衣食住行之外的最大一类消费。这说明，在基本物质生活需求得到满足后，人们对精神文化方面的需求正不断增加，文化消费日益旺盛。

从文化消费本身的结构上看，城镇居民文化消费中文化娱乐服务的比重接近文化娱乐用品比重的两倍，与教育的消费支出比例相近。由此可见，文化娱乐服务和教育是拉动文化消费的决定性因素。

从2016年与2006年的对比上看，十年间城镇居民文化消费年均增长11.7%，占消费支出的比重提高0.5个百分点，水平增长速度和比重增加幅度仅次于居住和交通通信、其他和衣着；相对而言，教育、食品、居住、医疗保健等其他消费类别虽然水平也在不断增长，但占消费支出的比重却在不断减少或者变化不大。这说明，在基本物质生活需求得到满足后，人们对精神文化方面的需求正不断增加，文化消费日益旺盛。

从表5-4中也可以看出，2006年以来文化娱乐服务年均增速高达16.8%，是拉动文化消费占消费支出比重提高的决定性因素，而文化娱乐用品占消费支出的比重则有明显下降。这说明，对文化娱乐服务的消费已发展成为居民文化消费的主要内容。

表 5 - 4 城镇居民消费水平及构成对比表

项 目	2016 年		与 2006 年对比（%）	
	水平（元/人）	构成（%）	水平年均增长	构成增加
消费支出	23079	100.00%	10.8	—
食品	6595	28.58%	10.3	-1.4
衣着	1727	7.48%	12.3	1.2
居住	4816	20.87%	9.4	-1.1
家庭设备及用品	1313	5.69%	11.4	0.3
医疗保健	1506	6.53%	9.4	-0.7
交通通信	2854	12.37%	14.7	3.8
文化消费	2419	10.48%	11.7	0.5
其他	595	2.58%	12.8	0.6

资料来源：根据各年《中国统计年鉴》数据整理而成。

第二节 区域间文化消费情况

我国幅员辽阔，地区间二元经济表现非常明显。全国各地的消费性支出和文化消费结构也存在很大差异。以 2011 年为例，表 5 - 5 反映了 2011 年我国各省、直辖市（台湾、香港、澳门除外）的城镇居民家庭人均文化消费支出及其构成。

表5-5 2011年各地区城镇居民家庭人均文化消费支出及构成

地区	消费性支出(元)	文化消费支出(元)	占消费性支出比例	教育(元)	占文化消费支出比例	文化娱乐服务(元)	占文化消费支出比例	文化娱乐用品(元)	占文化消费支出比例
全 国	15160.89	1851.74	12.21%	749.99	40.50%	652.19	35.22%	449.55	24.28%
北 京	21984.37	3306.82	15.04%	1171.28	35.42%	1260.58	38.12%	874.97	26.46%
天 津	18424.09	2116.01	11.49%	780.85	36.90%	684.20	32.33%	650.96	30.76%
河 北	11609.29	1203.99	10.37%	523.54	43.48%	366.89	30.47%	313.56	26.04%
山 西	11354.30	1419.43	12.50%	722.92	50.93%	373.61	26.32%	322.90	22.75%
内蒙古	15878.07	1812.07	11.41%	740.41	40.86%	560.78	30.95%	510.89	28.19%
辽 宁	14789.61	1614.52	10.92%	757.94	46.95%	460.52	28.52%	396.05	24.53%
吉 林	13010.63	1468.34	11.29%	739.14	50.34%	370.97	25.26%	358.23	24.40%
黑龙江	12054.19	1190.87	9.88%	598.70	50.27%	305.28	25.64%	286.89	24.09%
上 海	25102.14	3746.38	14.92%	1285.61	34.32%	1406.50	37.54%	1054.28	28.14%
江 苏	16781.74	2695.52	16.06%	1005.65	37.31%	1033.95	38.36%	655.92	24.33%
浙 江	20437.45	2816.12	13.78%	1332.63	47.32%	932.80	33.12%	550.69	19.55%
安 徽	13181.46	1631.28	12.38%	776.90	47.63%	480.14	29.43%	374.24	22.94%
福 建	16661.05	1879.02	11.28%	629.11	33.48%	733.09	39.01%	516.82	27.50%
江 西	11747.21	1429.30	12.17%	610.69	42.73%	500.74	35.03%	317.87	22.24%
山 东	14560.67	1538.44	10.57%	656.83	42.69%	424.19	27.57%	457.42	29.73%
河 南	12336.47	1373.94	11.14%	544.60	39.64%	452.24	32.92%	377.10	27.45%
湖 北	13163.77	1489.67	11.32%	690.86	46.38%	525.92	35.30%	272.88	18.32%
湖 南	13402.87	1526.10	11.39%	626.86	41.08%	580.20	38.02%	319.04	20.91%
广 东	20251.82	2647.94	13.08%	929.03	35.09%	1153.64	43.57%	565.28	21.35%
广 西	12848.37	1502.65	11.70%	561.81	37.39%	480.54	31.98%	460.30	30.63%
海 南	12642.75	1141.81	9.03%	565.08	49.49%	332.91	29.16%	243.81	21.35%
重 庆	14974.49	1474.88	9.85%	460.09	31.20%	638.85	43.32%	375.94	25.49%
四 川	13696.30	1369.47	10.00%	534.18	39.01%	517.32	37.78%	317.96	23.22%

续表 5-5

地　区	消费性支出（元）	文化消费支出（元）	占消费性支出比例	教　育（元）	占文化消费支出比例	文化娱乐服务（元）	占文化消费支出比例	文化娱乐用品（元）	占文化消费支出比例
贵　州	11352.88	1331.43	11.73%	487.36	36.60%	520.72	39.11%	323.35	24.29%
云　南	12248.03	1350.65	11.03%	462.02	34.21%	608.69	45.07%	279.94	20.73%
西　藏	10398.91	514.44	4.95%	227.79	44.28%	174.04	33.83%	112.61	21.89%
陕　西	13782.75	1857.60	13.48%	873.23	47.01%	544.49	29.31%	439.89	23.68%
甘　肃	11188.57	1158.30	10.35%	447.01	38.59%	371.36	32.06%	339.92	29.35%
青　海	10955.46	967.90	8.83%	328.25	33.91%	352.61	36.43%	287.04	29.66%
宁　夏	12896.04	1441.18	11.18%	566.71	39.32%	452.33	31.39%	422.14	29.29%
新　疆	11839.40	1122.18	9.48%	514.57	45.85%	280.80	25.02%	326.80	29.12%

数据来源：《中国城市（镇）生活与价格年鉴 2012》。

一、区域间文化消费支出差异

首先，按照人均消费性支出总量进行聚类分析（逐步聚类），全国可以划分为五个层次：（注：全国平均水平为 15160.89 元）。

第一层次：上海（=25102.14 元）；

第二层次：北京、浙江、广东（20251.82 元≤x≤21984.37 元）；

第三层次：天津、江苏、福建、内蒙古（15878.07 元≤x≤18424.09 元）；

第四层次：重庆、辽宁、山东、陕西、四川、湖南、安徽、湖北、吉林、宁夏、广西、海南（12642.75 元≤x≤14974.49 元）；

第五层次：河南、云南、黑龙江、新疆、江西、河北、山西、贵州、甘肃、青海、西藏（10398.91 元≤x≤12336.47 元）；

　　单独从人均消费支出的总量来看，高于全国总体水平的仅有 8 个地区。其中，位于第一、二层次的上海、北京、浙江、广东地区人均消费支出水平远高于全国平均水平，这部分地区基本位于东南沿海的经济发达地区。位于第三层次的天津、江苏、福建、内蒙古地区人均消费支出略高于全国平均水平。我国大多数地区的人均消费性支出水平均低于全国平均水平。由此可以看出，我国各地区人均消费性支出水平差异很大。少数地区的高消费水平拉高了全国平均水平。人均消费性支出水平最高的上海是新疆的 2.12 倍。由此可见，地区间消费水平不平衡是一个重要特征。

　　人均消费性支出水平只能从总体上反映各地区居民的消费能力。并不能够真实反映居民的文化消费状况，下面从人均教育文化服务支出总量，以及此项消费占消费性支出的比例来看各地区居民的文化消费概况。

　　按照人均文化消费支出总量，全国也可以划分为五个层次（全国均线为 1851.74 元）：

　　第一层次：上海、北京（3746.38 元、3306.82 元）；

　　第二层次：浙江、江苏、广东（2647.94 元≤x≤2816.12 元）；

　　第三层次：天津、福建、陕西、内蒙古（1812.07 元≤x≤2116.01 元）；

　　第四层次：安徽、辽宁、山东、湖南、广西、湖北、重庆、吉林、宁夏、江西、山西、河南、四川、云南、贵州、河北、黑龙江、甘肃、海南、新疆、青海（967.90 元≤x≤1631.28 元）；

第五层次：西藏（=514.44 元）；

人均文化消费支出高于全国平均水平的也仅有 9 个地区。而且地区间差异极大。上海的人均文化消费支出额达到西藏的 7.3 倍。这说明城镇居民人均文化消费支出的不平衡程度远远比城镇居民人均消费支出总量的不平衡程度大。如此巨大的差异，说明我国居民的文化消费主要集中的少数经济发达地区。这种情况与我国传统划分的东、中、西部经济区不同。各地区内部的文化消费差异也非常大。

接下来从文化消费支出占消费性支出比例看，同样可以分为五个层次（全国平均水平为 12.21%）。

第一层次：江苏、北京、上海（16.06%≤x≤14.92%）；

第二层次：浙江、陕西、广东（13.78%≤x≤13.08%）；

第三层次：山西、安徽、江西、贵州、广西、天津、内蒙古、湖南、湖北、吉林、福建、宁夏、河南、云南、辽宁（12.50%≤x≤10.92%）；

第四层次：山东、河北、甘肃、四川、黑龙江、重庆、新疆、海南、青海（10.57%≤x≤8.83%）；

第五层次：西藏（=4.95%）；

我国各地区文化消费占消费性支出的比例虽然也有比较大的差异，但是其差异相对较小。

这里将全国各地区的消费性支出、文化消费支出、文化消费支出占消费性支出的比例三个指标进行极差标准化后，计算各指标在地区间的标准差（表5-6）可以看出，地区间差异最大的是消费性支出，标准差为 0.24，其次是地区间文化消费支出的差异，标准差为 0.21。文化消费支出占消费性支出的比例的标准差为 0.19，差异略小。不过，最大值和最小值之间差异最大的是文化消费支出，上海达到西藏的 7.3 倍。

表 5 - 6　标准化后的地区间消费差异

地　区	标准化消费性支出	标准化教育文化娱乐服务	标准化占消费性支出比例
上　海	1	1	0.897647
北　京	0.787953	0.863995	0.908185
浙　江	0.682744	0.712167	0.794604
江　苏	0.434111	0.674852	1
广　东	0.670119	0.66013	0.731255
天　津	0.545811	0.495544	0.588202
福　建	0.425902	0.422217	0.56957
陕　西	0.230143	0.415589	0.767479
内蒙古	0.37265	0.401502	0.581669
安　徽	0.189248	0.345563	0.668322
辽　宁	0.298621	0.340378	0.537061
山　东	0.283051	0.316838	0.505496
湖　南	0.204306	0.313019	0.579327
广　西	0.166593	0.305764	0.607117
湖　北	0.188044	0.301748	0.573035
重　庆	0.311196	0.297171	0.44104
吉　林	0.177629	0.295148	0.570269
宁　夏	0.169835	0.286744	0.560344
江　西	0.091701	0.283068	0.649571

续表 5 - 6

地 区	标准化消费性支出	标准化教育文化娱乐服务	标准化占消费性支出比例
山 西	0. 064978	0. 280014	0. 67963
河 南	0. 131778	0. 265939	0. 556912
四 川	0. 224263	0. 264556	0. 454494
云 南	0. 125763	0. 258733	0. 547039
贵 州	0. 064882	0. 252786	0. 610034
河 北	0. 082321	0. 213355	0. 48797
黑龙江	0. 112579	0. 209295	0. 44374
甘 肃	0. 053707	0. 199218	0. 486315
海 南	0. 152609	0. 194116	0. 367452
新 疆	0. 097971	0. 188042	0. 407668
青 海	0. 037852	0. 140306	0. 349775
西 藏	0	0	0
标准差	0. 241896	0. 214896	0. 187799

　　从比较重可以看出，我国各地区对教育及文化服务的支出能力和实际支出水平差别较大，但是各地区支出比例之间差别相对较小。这可以在一定程度上说明我国各地居民都比较愿意在教育文化方面进行消费，消费能力会随着收入的增加有上升，发展空间巨大。

二、区域间教育消费支出差异

　　深入分析文化消费的构成能够更清晰地了解各地区文化消费的实际状况。表 5 - 7 展示了各地区的教育支出以及教育支出占文化消费的比例。

表5-7 各地区教育支出情况

地 区	教育（元）	占文化消费支出比例	教育（标准化）	占文化消费支出比例（标准化）
上 海	1285.61	34.32%	0.957442	0.158143
北 京	1171.28	35.42%	0.853961	0.214087
浙 江	1332.63	47.32%	1	0.817139
江 苏	1005.65	37.31%	0.704048	0.309757
广 东	929.03	35.09%	0.634698	0.197106
天 津	780.85	36.90%	0.500579	0.289174
福 建	629.11	33.48%	0.363238	0.115817
陕 西	873.23	47.01%	0.584193	0.801279
内蒙古	740.41	40.86%	0.463977	0.489724
安 徽	776.90	47.63%	0.497004	0.832527
辽 宁	757.94	46.95%	0.479843	0.798073
山 东	656.83	42.69%	0.388328	0.582687
湖 南	626.86	41.08%	0.361202	0.500672
广 西	561.81	37.39%	0.302324	0.313798
湖 北	690.86	46.38%	0.419129	0.769266
重 庆	460.09	31.20%	0.210257	0
吉 林	739.14	50.34%	0.462827	0.970012
宁 夏	566.71	39.32%	0.306759	0.41183
江 西	610.69	42.73%	0.346566	0.584307
山 西	722.92	50.93%	0.448146	1
河 南	544.60	39.64%	0.286747	0.427801
四 川	534.18	39.01%	0.277316	0.395803
云 南	462.02	34.21%	0.212004	0.152628

90

地 区	教育（元）	占文化消费支出比例	教育（标准化）	占文化消费支出比例（标准化）
贵 州	487.36	36.60%	0.234939	0.274087
河 北	523.54	43.48%	0.267686	0.622677
黑龙江	598.70	50.27%	0.335714	0.966753
甘 肃	447.01	38.59%	0.198418	0.374803
海 南	565.08	49.49%	0.305284	0.927011
新 疆	514.57	45.85%	0.259567	0.742805
青 海	328.25	33.91%	0.090927	0.137751
西 藏	227.79	44.28%	0	0.662984
标准差	—	—	0.230067	0.29388

　　总体而言，我国居民文化支出中，教育支出占据了最大的份额。全国平均的教育支出占文化支出的比例为 40.50%。部分地区教育支出比例高达 50% 以上，如山西（50.93%）、吉林（50.34%）、黑龙江（50.27%）。这些地区的人均消费性支出额都不在全国领先水平，但是在文化消费方面对教育的支出却高于其他地区。

　　总体来看，全国各地区城镇居民家庭平均每人全年教育支出占文化消费支出的 30% ~ 60%，可以说，教育是目前我国城镇居民文化需求中的刚性需求部分。根据刚性需求的特点，可以假设文化消费支出越高的地区，其教育支出占比越低。而事实上，文化支出与教育支出占文化消费比例的相关关系检验表明，两者的相关性并不显著（相关系数 = –0.37，p 值为 0.093）。这说明，文化支出相对较高的地区，教育消费也相对提高了。

地区间教育消费的支出金额的两级差距很大。位于首位的浙江省人均教育支出是西藏的 5.9 倍。全国平均水平为 749.99 元，全国仅有 9 个地区高于全国平均水平，高教育消费的地区大大拉高了平均教育消费支出。地区间教育支出的标准差为 0.23，反映出了较大的差异性。

从教育消费支出占消费支出的比例看，教育投入占比较高的地区并非都是东部沿海、东南沿海及京津地区，而出现了大批消费性支出及文化消费支出处于低层次的地区，分别是：陕西，黑龙江，山西，吉林，海南，新疆等。这一方面反映了我国居民对教育投入的重视，另一方面，也反映出教育基础设施不足而带来的问题。

对教育投入相对较少的有两种情况：一是经济较发达地区，原来教育投入较多，基础较好，现在有所减缓；一是经济欠发达地区，现在经济条件虽有所改善，但主要支出在食品，还无力投资教育。

三、区域间文化娱乐服务与文化娱乐用品消费支出差异

文化娱乐服务和文化娱乐用品的消费支出是文化支出的重要内容，同时也是文化产业发展过程中将重点提供消费的领域。因此，分析文化娱乐服务与文化娱乐用品的支出情况至关重要。表 5－8 展示了我国各地区文化娱乐服务和文化娱乐用品的人均消费支出情况，以及各项消费占文化消费支出的比例。

表5-8　各地区文化服务与文化用品支出情况

省　份 （直辖市）	文化娱乐 服务（元）	占文化消费 支出比例	文化娱乐 用品（元）	占文化消费 支出比例
上　海	1406.50	37.54%	1054.28	28.14%
北　京	1260.58	38.12%	874.97	26.46%
浙　江	932.80	33.12%	550.69	19.55%
江　苏	1033.95	38.36%	655.92	24.33%
广　东	1153.64	43.57%	565.28	21.35%
天　津	684.20	32.33%	650.96	30.76%
福　建	733.09	39.01%	516.82	27.50%
陕　西	544.49	29.31%	439.89	23.68%
内蒙古	560.78	30.95%	510.89	28.19%
安　徽	480.14	29.43%	374.24	22.94%
辽　宁	460.52	28.52%	396.05	24.53%
山　东	424.19	27.57%	457.42	29.73%
湖　南	580.20	38.02%	319.04	20.91%
广　西	480.54	31.98%	460.30	30.63%
湖　北	525.92	35.30%	272.88	18.32%
重　庆	638.85	43.32%	375.94	25.49%
吉　林	370.97	25.26%	358.23	24.40%
宁　夏	452.33	31.39%	422.14	29.29%
江　西	500.74	35.03%	317.87	22.24%
山　西	373.61	26.32%	322.90	22.75%
河　南	452.24	32.92%	377.10	27.45%
四　川	517.32	37.78%	317.96	23.22%
云　南	608.69	45.07%	279.94	20.73%
贵　州	520.72	39.11%	323.35	24.29%
河　北	366.89	30.47%	313.56	26.04%

省　份 （直辖市）	文化娱乐 服务（元）	占文化消费 支出比例	文化娱乐 用品（元）	占文化消费 支出比例
黑龙江	305.28	25.64%	286.89	24.09%
甘　肃	371.36	32.06%	339.92	29.35%
海　南	332.91	29.16%	243.81	21.35%
新　疆	280.80	25.02%	326.80	29.12%
青　海	352.61	36.43%	287.04	29.66%
西　藏	174.04	33.83%	112.61	21.89%
标准化标准差	0.237542	0.273199	0.20018	0.281641

注：标准化标准差为对每项指标的各地区数据进行极差标准化后计算的标准差。

　　从表 5 - 8 所显示的标准化标准差中可以看出，各项指标的标准差均在 0.2 以上，这说明我国各地区的文化娱乐用品和文化娱乐消费的差距也非常明显。

　　首先是文化娱乐服务消费：首位上海 1406.50 元是末位西藏 174.04 元的 8.1 倍。处于全国均线 652.19 元以上的地区有 7 个，以下有 24 个。东南沿海及京津地区仍为消费主力军。

　　其次是文化娱乐用品消费：首位北京 1054.28 元是末位西藏 112.61 元的 8.6 倍。处于全国均线 449.55 元以上的地区有 10 个，以下有 21 个。东南沿海及京津地区仍为消费主力军。需要关注的是，内蒙古这一少数民族地区亦处于均线以上，令人惊喜。

　　文化娱乐用品消费占文化消费支出比例，处于 20% ~ 30% 之间，而文化娱乐服务消费占文化消费支出比例处于 25% ~ 35% 之间，总体而言，居民的文化娱乐服务消费高于文化娱乐用品消费。这也是未来我国文化产业发展最重要的领域。

图 5 - 1 详细表示了我国各地区文化娱乐服务和文化娱乐用品占文化消费支出的分布情况。

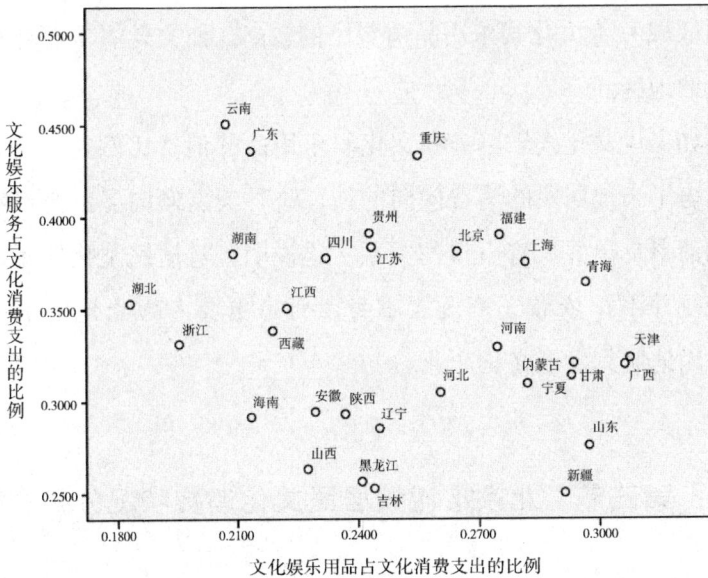

图 5 - 1　各地区文化娱乐服务和文化娱乐用品占文化消费支出的分布

图 5 - 1 依据全国平均水平的文化娱乐服务和文化娱乐用品的支出比例，将全国各地区划分成 4 个区域。

区域 A 为高文化娱乐服务消费比例，低文化娱乐用品消费比例的地区。比较典型的是云南、广东、湖南、四川。这些地区的居民倾向于将文化娱乐的资金投入文化娱乐服务领域进行消费。

区域 B 为文化娱乐服务和文化娱乐用品消费比例都比较高的

地区。除了经济发达上海、北京、福建等地区，还包括青海、重庆等经济发展相对滞后的地区。这些地区的文化消费存在巨大潜力。

区域 C 文化娱乐服务和文化娱乐用品消费比例都比较低的地区。这表明这些地区的文化娱乐消费相对较弱。

区域 D 为文化娱乐用品消费比例较高，而文化娱乐服务相对较低的地区。

如果说文化娱乐服务和文化娱乐用品的消费比例在一定程度上代表了当地居民的消费倾向的话，这种消费倾向显然与经济发展和消费支出并没有直接的关系。这说明，对居民文化娱乐消费的挖掘并不止依靠经济发展本身，而是更要考虑当地的消费习惯，因地制宜发展文化产业。

第三节　北京市城镇居民文化消费状况分析

北京市统计年鉴资料显示，2016 年北京市城镇居民人均消费支出为 38256 元，相比 2006 年的 14825.41 元，10 年间增长了 158.04%。其中，2016 年文化消费支出为 3687 元，相比 2006 年的 1809.48 元增长了 82%。在文化支出中，教育支出相比 2006 年增长了 33.03%，占文化消费支出的比例下降了 27.21%。同样，文化娱乐用品消费增加了 66.61%，占文化消费的比例下降了 8.83%。增长最快的是对文化娱乐服务的支出，无论是支出金额和支出比例都有了快速增长。2016 年文化娱乐服务消费支出相比

2006 年增长了 212.13%，占文化消费支出的比例增长了 70.8%。可以看出，随着北京市经济、社会、文化的发展，北京市居民有条件将更多的资金投入到了文化娱乐服务的领域进行消费。

2016 年北京市各项消费的比例基本区域平衡，这也是居民消费结构良性发展的结果。同时我们会发现，北京市高收入家庭和低收入家庭之间的消费差异仍然较大。高收入家庭的教育文化娱乐消费支出是低收入家庭的 5 倍左右，其中文化娱乐服务的差异达到 8 倍左右，低收入家庭将更多的文化消费支出投入到了教育消费领域。这也是与恩格尔定律和边际消费倾向递减规律一致的，从侧面表明缩小收入差距对于扩大消费以及居民文化消费非常重要，扩大文化消费问题从根本上解决还需要增加居民收入，缩小收入差距。

第四节　小结

目前我国文化消费占虽然有了较快增长，但只有少数经济发达地区消费能力较高，消费结构相对平衡，大多数地区的文化消费能力仍然相对较弱，高收入户和低收入户的差距很大，二元结构在文化消费方面的表现也非常明显，表明我国城镇居民有相当一部分的文化需求并没有得到满足，提高文化产品的供给，尤其是高层次文化产品的供给，是迫切的任务。对于另外一部分仍未发现需求的居民来说，则应通过各种方式使其发现需求。另外，从社会角度来说，我国城镇居民并非缺少满足必需之外的余钱用来扩大消费，也并非没有余钱用于精神文化消费，而是由于社保不健全，不敢随便花，破解拉动内需、扩大消费的题目，最有效的途径应该是把广大群众过多的积蓄有效释放出来，而刚性的基本生活消费毕竟增长有限，明显受到挤压的文化消费需求必将首先得以解放。我们的建议是，完善公共服务，健全社会保障，这对提高广大城乡居民文化消费水平、增进文化民生、推动文化大发展大繁荣举足轻重。

第六章

居民文化消费倾向与文化消费的影响因素

第一节　城镇居民的文化消费倾向

一、消费倾向及其影响因素

消费倾向是指可支配收入中用于消费的比率，消费倾向可分为两种形式：平均消费倾向和边际消费倾向。平均消费倾向是指总消费与总可支配收入的比率，边际消费倾向是指消费的增量和可支配收入增量的比率。通常来说，消费与可支配收入之间会存在一种函数关系，随着收入的增加，消费会相应地增加，但是边际消费倾向是递减的，因此，平均消费倾向也会呈下降趋势，低收入者的消费倾向较高，而高收入者的储蓄倾向较高。然而，许多经济学家的研究却证实，消费倾向递减并不具有普遍适用性。例如，美国的消费倾向高于其它发达国家和大多数发展中国家（世界银行，1997）。收入处于同一档次的不同社会阶层，消费倾向也有很大差别。例如，美国的白人比黑人具有更高的消费倾向，农村居民家庭的消费倾向低于城市居民家庭（吉利斯等，1996）。这是因为影响消费倾向的因素有很多，就收入而言，不仅是现实的可支配收入，还包括持久性收入或收入预期的状况。社会保障，特别是失业和退休保障的状况；消费信贷市场完善的程度，流动性约束的大小，以及由制度、种族、教育、宗教、习俗等因素影响的习惯或偏好等等。在影响消费倾向的各种因素中，持久性收入具有特别重要的意义。

米尔顿·弗里德曼于20世纪50年代在芝加哥大学首先提出持久性收入的假说。按照弗里德曼的观点，收入由两个部分组成：持久收入和暂时收入。其基本思路可以进行如下简单概括：由于人们期望自己能够益寿延年，因此他们着眼于整个生命周期做出消费决策。持久收入并不是由预期寿命期间所挣得的收入构成的，它可被视为在各个年龄段的平均收入，持久收入依赖于当前的收入与未来的预期收入。持久收入是财富的产物，这种财富包括家庭可以支配的物质资本和人力资本的状况。萨缪尔森指出：持久性收入是指当暂时的或无常的影响（如气候、短期经济波动、意外的收入或损失等）消失之后，一个家庭将会获得的收入水平（萨缪尔森、诺得豪斯，1996）。弗里德曼认为，人们能够非常恰当地预见其寿命期内这些财富的流动量，并进而使自己的消费与持久收入相适应，而这种收入从长期来看是趋于稳定的。暂时收入是一种未曾料到的额外收入，例如资产价值的变化、相对价格的变化、彩票及其他意外之财等带来的收入等。

根据凯恩斯消费函数的理论，消费与可支配收入之间存在着一种以经验为根据的稳定关系；持久性收入的理论又进一步揭示消费主要取决于持久性收入，正是消费与持久性收入的稳定关系决定了消费与可支配收入的稳定关系。经济学家对持久收入假说的检验结果证明，消费者对不同类型的收入变动会作出不同的反应。如果收入的变动是永久性的（比如被晋升到一个可靠的高收入的工作岗位），那么人们就可能会消费掉所增加的大部分收入。另一方面，如果收入的变动具有明显的暂时性（比如一次性的奖励，或一个不常有的好收成），那么收入增加的相当大的部分就会被储蓄起来。

文化消费倾向就是文化类消费品在居民的整个消费结构中所占的比重。根据我国现有的统计数据分类方法，居民家庭的消费结构主要指食品、衣着、家庭设备用品及服务、医疗保健、交通运输、娱乐文教、居住和杂项共八大类消费品在消费中的组成情况。因此，文化消费倾向就是娱乐文教在整个消费预算中所占的比例。

对于文化倾向变化趋势的研究可以文化倾向的整个历史演变过程，同时又可以考虑到不同消费者的行为偏好、心理动机、收入阶层、地理分布等等因素。研究居民家庭文化消费倾向特点可以国家文化教育产业结构的合理布局和区域文化经济制度的有效性等等问题提供理论支持。以往的研究，多以定性分析为主，为了消除主观因素的干扰，本文运用数学模型定量来分析文化消费倾向的规律特点，更具有实际意义。

二、消费倾向的数学模型研究

对于消费倾向问题进行研究的数学方法主要有以下几种：首先是比率分析法，最典型的是恩格尔系数。通过计算总消费中用于食品的消费比例（即恩格尔系数）变化或者其他类消费品的消费比例，分析其时间序列趋势进而分析居民家庭的贫富水平、消费特征规律以及消费结构问题。

　　第二种是统计模型，即先不采用一定的理论框架，直接从对数据本身的探索出发，采用聚类分析和因子分析方法分别从纵向和横向研究居民的消费结构数据，比较不同时间的聚类结果或者细分居民家庭的因子得分差异来分析消费结构中各项消费品的消费倾向。这种方法的优势是对数据的解释能力很强，但是难以寻找到相应的理论支持。

　　第三种是结合消费理论的数学模型方法：ELES 模型、AIDS 模型和 Panel Data 模型。斯通在 1954 年提出了基于联立方程的线性支出系统（LES）模型，将总消费分为基本需求消费和附加需求消费，前者不随消费者的收入预算而变化，并假定边际预算份额对所有消费者都相同。林奇在 1973 年对 LES 模型做了修改，以收入水平代替消费预算，以边际消费倾向代替边际预算份额，提出了扩展的线性支出系统（ELES）模型，从而能够更贴近现实统计数据，使模型的具体应用成为可能。1980 年，丁顿等人又提出了 AIDS 模型，其建模思路是，在给定价格体系和一定的效用水平下，消费者如何以最少的支出满足其效用，恰恰是消费者在收入预算约束下效用最大化的对偶问题。Panel Data 模型方法，即利用截面时序数据来考察潜变量对消费结构的影响的分析方法。该方法的最大优点是解决了单纯用时间序列数据和单纯用截面数据资料无法解决的潜变量对被解释变量的影响问题。所谓截面时序数据是由对若干横截面单元做连续观测所得到的多维时间序列数据组成。时间因素可以使我们进行模型的动态分析，而多个横截单元的存在又使样本数据容量大大扩充为从技术上克服多重共线性，并且能够识别和度量某些潜变量的影响，为更全面地分析变量间的数量关系提供了可能。

相比较而言，比率分析法研究消费倾向及结构问题过于粗放，将消费变化主要解释为当期收人的影响，这一点显然有悖于生命周期——持久收入框架，在理论上就站不住脚。计量模型方法中，AID 模型过于比较抽象，且数据资料难以获得，理论意义胜于实际可操作性。而 ELES 模型隐含一个假定，即对所有消费者而言，某类消费品的边际消费倾向都是相同的，但国内外的研究均表明，不同收入水平的消费者对于价格变化和收入变化的反应是不一致的。但从其将消费分为固定的基本需求和随着当期收入变化的附加需求来看，和生命周期——持久收入框架的基本推论暗合。因此，具有一定的理论性和实际可运用性。

三、我国城镇居民的文化消费倾向

随着居民家庭收入水平的提高，我国城镇居民的文化消费倾向也发生了明显的变化。

1996 年以前，居民的文化消费产品相对匮乏，而且当时的教育制度使居民在文化教育类消费品的支出较少，相对于收入的增长一直保持一个稳定的低比例。

随着经济的发展和精神文化品的极大丰富，教育娱乐服务的消费和衣着、医疗保健一样相对于以往有了显著的提高。宏观经济在这段时间保持继续的高增长，人均可支配收入不断提高。居民家庭开始由过去的满足需求式的消费向追求质量式的消费升级，其中关注的重点主要集中在衣着、医疗保健、教育娱乐服务上面。

　　进入 2001 年以后，教育制度改革全面铺开。居民的教育支出明显增加，相应的文化类消费倾向受此因素的影响迅速增加，逐渐成为居民消费结构中的主要支出。

　　不过，不同收入水平的城镇居民的文化消费倾向也有很大差异（见表 6-1）。高收入水平居民在教育文化娱乐等享受型支出比重较大，如交通和通讯消费，最高收入水平居民的消费比重比低收入居民高出 15 个百分点。

表 6-1　不同收入水平城镇居民八大类消费的基本需求及边际消费倾向

类别	支出结构	低收入户	中等偏下收入户	中等收入户	中等偏上收入户	高收入户	最高收入户
	基本需求	2357.10	3715.61	5373.38	7453.26	10334.09	16840.06
边际消费倾向	食品	0.352	0.315	0.287	0.245	0.215	0.157
	衣着	0.090	0.088	0.083	0.072	0.068	0.058
	家庭设备用品及服务	0.049	0.042	0.040	0.037	0.038	0.035
	医疗保健	0.065	0.056	0.049	0.045	0.045	0.026
	交通及通讯	0.081	0.077	0.077	0.079	0.080	0.095
	教育文化娱乐服务	0.073	0.070	0.076	0.079	0.072	0.084
	居住	0.090	0.073	0.065	0.050	0.054	0.049
	杂项商品及服务	0.023	0.024	0.027	0.026	0.030	0.032
	合计	0.823	0.744	0.704	0.637	0.603	0.535

　　资料来源：冯婷婷、张森：《城镇居民不同收入阶层的基本需求及边际消费倾向研究》，《中国人口·资源与环境》2012 年第 22 卷第 8 期。

第二节　文化消费的影响因素

一、宏观经济的发展水平

文化产业与宏观经济是互动增长的。文化产业对经济发展的作用体现在直接和间接两个方面，直接方面体现在蓬勃发展的产业形态和飞速发展的产业价值上；间接方面体现为对经济发展的促进，这种促进效果是巨大、无法估量的。作为互动性的另一面，宏观经济发展对文化产业发展也影响巨大，社会文化产品消费是在社会宏观经济发展的基础上进行的，社会生产力水平越高，社会物质水平越高，闲暇时间越多，用于文化活动的空间就越大，对文化产品的消费能力就越强。我国改革开放三十多年来，生产力水平大幅提高，城镇居民消费结构升级显著，人们对文化的消费也随着社会宏观经济的发展而增加。

二、城镇居民的收入水平

现代经济学的消费函数理论已经证明，消费是收入的函数，即居民可支配收入水平是影响其文化消费能力的主要因素。一般情况下，可支配收入水平越高，文化消费能力越强，文化消费量越大。同时，根据马斯洛的需求层次理论，收入增加后，人们在满足了基本生活需要之后会把增加的收入用于更高层次的消费活动。因此，也只有在人们生活水平较高，其收入满足了低层次物质需要之后，才会更多地投向满足精神需要的消费领域。

（1）文化消费与可支配收入、恩格尔系数的相关性分析。通过收集 1993～2010 年城镇居民人均可支配收入、城镇居民恩格尔系数和人均年文化消费数据，利用 Eviews 6.0 软件对其进行相关性分析（见表6-2）。

表 6-2　1993～2016 年城镇居民人均年文化消费与可支配收入、

恩格尔系数相关分析

对比项	可支配收入	文化消费	恩格尔系数
可支配收入	1	0.97	-0.78
文化消费	0.97	1	-0.86
恩格尔系数	-0.78	-0.86	1

由表6-2可知，城镇居民文化消费水平与可支配收入之间存在显著的正相关关系，相关系数为 0.97，即人均可支配收入越高，文化消费支出越高；而文化消费与恩格尔系数存在显著的负相关关系，相关系数为 -0.86，即随着恩格尔系数的逐渐降低，文化消费却在逐渐增加。这充分说明，文化消费的增长必须以居民可支配收入的持续增长与低层次物质需要的满足为前提。

（2）文化消费与收入相关弹性分析。城镇居民的收入不仅影响着其对文化消费的需求，消费者收入也是影响各种商品需求量的重要因素。在剔除商品价格且其他相关因素不变的情况下，消费的需求收入弹性可表示为：

$$E = \frac{\Delta Q/Q}{\Delta I/I} = \frac{\Delta Q}{\Delta I} \cdot \frac{I}{Q}$$

其中，Q 表示对某一物品的需求消费量，△Q 表示对某一物品相对于上年的消费增量，I 表示可支配收入，△I 表示相对于上年的可支配收入增量。根据此公式，可计算出 1993～2010 年中国城镇居民各消费品的平均收入弹性系数（见表 6-3）。

由表 6-3 可见，在 1993～2016 年的平均需求收入弹性中，居住、文化消费、交通通信和医疗保健的收入弹性大于 1。这表明，这些对绝大多数城镇居民家庭而言仍属于奢侈品范畴，而食品、衣着、家庭设备则属于必需品，说明在收入有限的情况下，只有在满足了基本生活必需品之外才能消费其他，文化消费品被列入奢侈品，说明其容易被其他消费挤压。同时，不难发现：其一，对于城镇居民可支配收入而言，文化消费是非常富有弹性的。这说明，城镇居民文化消费年均增长率超过了人均可支配收入的涨幅。其二，在消费支出结构方面，文化消费收入弹性小于交通通信和医疗保健的收入弹性，远大于食品、衣着、家庭设备的收入弹性。这说明，随着改革开放的逐步深入和人民生活水平的逐步提高，文化娱乐休闲类消费日益受到城镇居民的青睐，呈现出良好的发展态势。但同时也应看到，城镇居民交通通信和医疗保健的收入弹性要大于文化消费的收入弹性，即在城镇居民可支配收入增量中，用于医疗保健和交通通信这两项消费的比例要高于文化消费。而且，城镇居民用于居住的消费也很高，仅比文化消费收入弹性低 0.07 个百分点，说明城镇居民用于住房的支出也较高，这些都在一定程度上限制了居民可支配收入对文化消费的贡献率。

表 6 - 3　1993 ~ 2016 年各消费需求平均收入弹性系数

消费	品食品	衣着	居住	文化消费	家庭设备	交通通信	医疗保健
弹性系数	0.62	0.62	1.07	1.14	0.96	1.63	1.43

三、消费主体的特征

与物质消费不同，文化消费主要是在生理需求之外寻求精神依托。它是一种心理需求，而这种心理上的需求并不是出于人的生物性本能，而是受外界文化环境和社会文化意识影响而产生的，它是人格自我完善的标志，也是一个人综合素质的体现，因此消费主体的特性是影响文化消费的重要因素。我国城镇居民的消费观念及消费意识都影响着文化消费的水平。其原因在于，文化程度较高的消费者拥有广阔的文化消费爱好和空间，而文化程度较低的消费者拥有狭小的文化消费爱好和空间。城镇居民文化素养较低，制约了居民文化消费爱好的多样化发展，影响了文化消费空间的拓展。同时，文化消费观念落后也阻碍了文化消费结构的转型。一些城镇居民的消费观念仍然停留在传统物质生活享受阶段，尚未实现向文化消费的转变。而且，在经济较发达和人均收入较高的地区，文化消费观念也相对滞后，一些人更热衷于物质享受，对文化消费则相对淡漠。以文化作为休闲方式的观念还没有形成，一些城市家庭可能会一个月去吃几次大餐，但每个月去图书馆看书、去剧院看戏的很少，这些都严重阻碍了文化消费的发展。

四、文化产品的消费环境

文化消费的发展一方面由居民可支配收入及居民消费意愿决定，另一方面取决于文化产品供给情况。我国城镇居民文化消费环境并不乐观，如 2004 年我国文化产业实现增加值 3440 亿元，仅占 GDP 的 2.15%，而同期美国和日本文化产业增加值占 GDP 的比重则分别达到了 28.5% 和 21%。2015 年，我国文化产业实际增加值达 2.7 万亿元，占 GDP 比重接近 5%。如果按 2016 年美国文化消费的 5.5% 左右的比例和 18.56 万亿美元的 GDP 来计算，美国文化产业增加值应在 1 万亿美元左右，因此我国文化产业实际增加值还低于美国同期的文化产业产值，在文化产业的规模上还存在一定差距。与此同时，我国文化产业市场化程度仍然较低。总体看来，我国文化产业规模仍然较小，也比较分散，尚未形成规模大、竞争力强的新型产业，集约化程度较低。这说明，我国文化市场还处于成长阶段，限制了文化消费的发展。

第三节　不同人群的文化消费特征

文化消费除了与收入和地区有关外，也与消费人群自身的特征有关，比如年轻、工作稳定、文化程度高的人群的文化消费水平一般会高于其他人群。以下将利用 2011 年城镇住户调查资料，根据户主的特征，分别按年龄、就业情况和受教育程度分组，以分析不同人群的文化消费特征和差异。

一、不同年龄段居民的文化消费特征

为了分析不同年龄段居民的文化消费特征，本文按户主的年龄在 40 岁以下、41 至 60 岁、61 岁以上，将 2011 年所有城镇住户调查户简单分为青年、中年、老年三组，并计算出各组的人均可支配收入、消费支出以及文化消费的相关指标（表 6 - 4）。从中可以看出，青年家庭的人均收入、消费支出最高，相应的文化消费及其占消费支出的比重也最高；但就文化消费的内容而言，老年家庭则相对更注重对文化娱乐服务的消费。据此可判断，青年家庭热衷文化消费，但囿于工作繁忙，享受文化娱乐服务的意愿一定程度上受到限制；老年家庭虽收入不高，但无工作缠身，更愿悠闲享受文化娱乐服务；中年家庭各种生活压力相对较大，文化消费相对较少。

表 6 - 4　2011 年不同年龄段的城镇居民文化消费状况

年龄段	可支配收入（元/人）	消费支出（元/人）	文化消费（元/人）	文化消费占消费支出的比重（%）	文化娱乐服务占文化消费的比重（%）
青年	22156	16138	1236	7.7	56.8
中年	21714	15086	1057	7.0	59.3
老年	21529	13747	1016	7.4	63.8

资料来源：根据 2011 年城镇住户调查资料计算得出。

二、不同就业情况居民的文化消费特征

为研究居民所从事工作对其文化消费的影响，本文选取城镇

住户调查方案中的"就业情况"指标，并把原来的 15 类就业情况归纳为 7 组，然后按户主的就业情况将 2011 年所有城镇住户调查户进行分组，计算出各组居民的人均可支配收入、消费支出以及文化消费的相关指标（表 6 - 5）。从计算结果可以看出，收入越高越稳定、闲暇时间越充足的组居民文化消费越高。单位职工、离退休人员等收入相对稳定的组的文化消费占消费支出的比重相对高；离退休人员、城镇个体或私营企业主等可以支配工作或者闲暇时间更自由的组居民文化娱乐服务占文化消费的比重更高；而城镇个体或私营企业被雇者、其他未就业者两类人群，由于工作稳定性较低或暂未工作，导致文化消费受到极大限制。

表 6 - 5　2011 年不同就业情况的城镇居民文化消费状况

就业情况	可支配收入（元/人）	消费支出（元/人）	文化消费（元/人）	文化消费占消费支出的比重（%）	文化娱乐服务占文化消费的比重（%）
国有经济单位职工	24043	17086	1329	7.8	58.4
其他经济类型单位职工	23591	17092	1278	7.5	57.7
城镇个体或私营企业主	22869	15593	1083	6.9	60.0
城镇个体或私营企业被雇者	17278	12464	725	5.8	54.2

就业情况	可支配收入（元/人）	消费支出（元/人）	文化消费（元/人）	文化消费占消费支出的比重（%）	文化娱乐服务占文化消费的比重（%）
其他就业者	19415	13258	895	6.7	57.5
离退休人员	22007	14246	1063	7.5	63.4
其他未就业者	13963	10321	561	5.4	56.6

资料来源：根据2011年城镇住户调查资料计算得出。

三、不同受教育程度居民的文化消费特征

类似的，按照户主的受教育程度，计算出2011年不同受教育程度的城镇居民文化消费状况（表6-6）。可以看出，受教育程度越高的组，人均可支配收入、消费支出、文化消费支出及其占消费支出的比重、文化娱乐服务占文化消费的比重等也越高，尤其是具有大学专科以上学历的人群，文化消费水平明显高于高中或中专以下学历的人群。由此可见，消费者本身的文化素质很大程度上决定了其文化消费的能力和意愿，居民文化素质的普遍提高是实现居民文化消费又好又快发展的基础条件。

表6-6 2011年不同受教育程度的城镇居民文化消费状况

受教育程度	可支配收入（元/人）	消费支出（元/人）	文化消费（元/人）	文化消费占消费支出的比重（%）	文化娱乐服务占文化消费的比重（%）
初中以下	16980	11510	650	5.6	57.4
高中或中专	20797	14515	1008	6.9	58.6

受教育程度	可支配收入（元/人）	消费支出（元/人）	文化消费（元/人）	文化消费占消费支出的比重（%）	文化娱乐服务占文化消费的比重（%）
大学专科	25641	18229	1497	8.2	59.9
大学本科	30496	21293	1882	8.8	60.8
研究生	42096	29096	2690	9.2	59.7

资料来源：根据2011年城镇住户调查资料计算得出。

第四节 对促进居民文化消费的政策建议

针对这一章分析的影响居民文化消费意向的主要因素，提高居民文化消费水平可以做好以下几方面工作。

第一，要引导对年轻群体的文化消费取向。年轻人是社会消费群体中最活跃一支消费队伍，更是一些新兴文化产品（服务）的消费主体因此可以对他们消费取向进行正确引导，培养健康良好的兴趣爱好，他们的兴趣爱好将会直接作用于文化消费并能形成一定的文化消费气候。

第二，要关注高学历群体的文化消费需求。高学历居民普遍有着较强烈的文化消费意向，且他们的高学历普遍对应着现在或未来的较高收入，我们应该积极关注这类群体的文化消费偏好，将他们的偏好与收入糅合转化成对文化消费的拉动力，这有助于推动相应文化市场的发展。

第三，丰富文化产品（服务）的内容与形式。由于兴趣爱好的差异，以及随着全民素质的提高，居民对于文化产品（服务）的内容和形式也会提出更高的要求，文化市场需进一步开发拓展以满足更广大居民对文化消费的需求。

第四，要加强社区文化消费场所和设施的投资建设。居民文化消费与社区周边的文化消费场所环境好坏和设施齐全与否息息相关多数居民在业余时间进行文化消费时会采取就近原则，因此要加强文化基础设施的建设和完善相关配套服务，为居民进行文化消费提供便利条件，提高居民文化消费的满意度

第五，要重视媒体宣传力度。媒体宣传有着较好的导向作用，有些居民会因为媒体的宣传而进行了一些本未打算的消费，或者在原有的基础上进行了更多的文化消费，而他们的消费同时也会对周围的亲朋好友产生一定的扩散效应。

总体而言，伴随着收入的持续增长和生活质量的逐步改善，我国居民的文化消费水平和能力不断提高，展现出强烈的文化消费意愿和巨大的文化消费潜力。居民文化消费的良好发展势头印证了我国文化事业和文化产业的不断发展和日益繁荣。然而，在取得巨大发展成就的同时也应清醒地看到，目前我国居民的文化消费还存在着城乡差距较大、地区发展不平衡、中低收入人群文化消费能力有限等问题。这需要在更高的战略层面采取多种有针对性的措施加以解决，以实现我国居民文化消费的又好又快发展。

1. 保持居民收入持续增长，为文化消费提供坚实基础

保持居民尤其是中低收入居民的收入持续增长是现阶段实现

居民文化消费又好又快发展的基础和关键。一是要建立城乡居民收入的正常增长机制，保证居民实际收入水平的持续稳定增加，以收入增加带动消费结构优化，提高文化消费比重。二是要采取多种措施，降低中低收入居民的文化消费成本，提高他们文化消费的积极性，实现大众文化消费和高端文化消费的协调发展。三是要进一步健全社会保障体系，为居民进行文化消费提供基础和解除后顾之忧。四是要降低居民的基本物质生活成本，使居民能在基本物质生活条件得到较好满足的前提下，有更多的"闲钱"用于提高精神文化生活质量。

2. 加大对农村的倾斜力度，促进城乡文化消费均等化

加大对农村的政策倾斜力度，制定与农村现状相适宜的文化消费发展战略，对于农村文化的健康发展，促进城乡文化消费均等化具有重要意义。一是要加大对农村文化基础设施建设的投入力度，为农村开展内容丰富、形式多样的文体活动创造条件。二是要适当减免农村文化用品和服务的税费或给予补贴，提高农村居民文化消费的积极性。三是要大力开发适合农村消费者的文化用品和服务项目，增加有效供给，释放消费潜力。

3. 加大欠发达地区文化发展力度，缩小文化消费地区差异

缩小居民文化消费的地区差异，实现居民文化消费的地区协调发展，需要国家和地方各级政府的共同努力和积极配合。一方面国家在制定相关政策时必须正视区域差异，科学配置文化资源，统筹各地区文化发展，特别是要加大对欠发达地区的文化扶持力度，从财政和税收等各方面给予帮助；另一方面地方各级政府要因地制宜地制定文化发展政策，引领本地文化消费方向和热

点，形成具有当地特色的文化消费发展路子。

4. 丰富文化产品供给，满足人们各种文化消费需求

经济理论表明，只有增加供给才能降低价格，文化产品亦是如此。只有不断加大文化产品，特别是优秀文化产品的供给，才能有效降低居民文化消费的成本，让老百姓消费得起，进而消费得多。一要丰富文化产品种类，提供多元化、个性化、分众化的文化用品和服务，满足不同收入层次、不同文化层次和不同地区居民的文化消费需求。二要提高文化产品质量，不断推出质量过硬、特色鲜明、民众喜闻乐见的文化产品，并加大文化市场监管力度，遏制低俗文化产品的生产和传播，净化文化消费环境。三要积极发展文化消费信贷，鼓励金融机构开发分期付款、低息贷款等多种形式的文化消费和生产的信贷产品，丰富大众文化产品供给，激发中低收入群体潜在文化消费需求。

5. 提升居民文化素质和消费观念，培育壮大文化消费主体

居民的文化消费能力与其文化素质和消费观念密切相关，不同人群的文化消费水平各异。因此，只有不断提升居民的文化素质和消费观念，积极培育和壮大文化消费主体，才能有效带动我国居民文化消费水平的持续发展。一方面要继续大力发展教育，普遍提高我国居民的整体文化层次和综合素质，为文化消费提供必要的能力。另一方面要通过媒体宣传、教育等手段积极引导居民的文化消费观念，提高居民消费品味，培养文化消费习惯，逐步形成稳定的文化消费市场。此外还要保障并为居民创造更多的空闲时间，使其有足够的精力进行文化消费。

第七章

北京市的文化发展及消费

第一节　文化对北京市发展的重要意义

一、文化立国战略是当今发达国家在经济快速发展后的理性选择

从世界经济发展的规律和古典经济学的"要素"经济理论出发来看，从农业经济对土地的依赖，工业经济对技术、资本的依赖，尤其是最近20年，经济学意义上的稀缺资源从信息、知识发展到创意，经济形态也从信息经济、知识经济发展到创意经济，产业升级也从信息产业、知识产业发展到创意产业。这是一种世界潮流，是一个国家和地区社会经济发展的趋势。当今世界从一个矿产驱动的时代、技术驱动的时代、管理驱动的时代进入到一个创意驱动的时代。创意，即文化创新，是将科学的求真、人文的求善和艺术的求美三者高度融合，是通过艺术与科学的结合，推出有深厚人文内涵的产品和服务。苹果公司就是践行了这样符合时代潮流、并引领时代风气的发展理念。可以说，史蒂夫·乔布斯开创了一个时代，一个靠创意推动的时代。我们应该抓住这个时代发展的特征，把文化创意作为立国之本加以重视，实施文化立国战略。可以说文化立国战略是一个国家在经济快速发展后的理性选择。因此，我们看到在当前知识经济时代的世界格局下，以日本、韩国为代表的亚洲国家已经提出了"文化立国"战略，以英美为代表的国家则致力于发展"创意产业"。日本近现代以来的国家战略分为3个阶段：军事立国战略（明治维新至第二次世界大战）、经济立国战略（二战以后至20世纪80年代）和文化立国战略阶段（20世纪90年代以来）。1995年，日本确立了面向21世纪的"文化立国"方略——《21世纪文化立国方案》，积极促进日本文化的国际传播和文化产业的世界推广。从美国华盛顿白宫前的樱花到充斥世界各地的动画、音乐，日本成功地塑造的经济崛起后的文化形象，赢得了世界各国的好评。1998年，韩国明确提出"文化立国方针"和"内容韩国愿景21"，要把韩国建设成为21世纪的文化大国、知识强国，要通过政府层面的法律制度建设、国家及社会的认识、创造性的内容开发、专门人才的培养等，大力推动高品质的韩国文化产品，韩国的音乐、电影、电视剧、网络游戏迅速席卷世界市场。

这一系列战略的颁布的意义就正如联合国教科文组织在1998年斯德哥尔摩文化政策促进发展会议上达成的文化政策促进发展行动纲要所明确提出的："发展可以最终以文化概念来定义，文化的繁荣是发展的最高目标"。经济不再是国家发展的唯一目标，文化越来越成为民族凝聚力和创造力的重要源泉。

二、文化强国是中国复兴之路的历史选择

文化是一个民族的血脉、气质和灵魂，是世界对于一个国家的想象。在中国想象的背后，是一个国家形象。这个国家形象是一个综合体，它是国家的外部公众和内部公众对国家本身、国家行为、国家的各项活动及其成果所给予的总的评价和认定。文化能够引领前进方向、凝聚奋斗力量，文化越来越成为民族凝聚力和创造力的重要源泉。著名经济学家厉以宁先生说，文化还能创造不同于物质要素投入的超常规效率，就像二战后美国经济的发展、欧洲经济的恢复、日本的经济崛起和亚洲四小龙的经济腾飞。文化，在这些国家和地区的经济发展中扮演了至关重要的作用。日本和韩国在先后跨入中等收入国家后，高度重视文化的作用，甚至把文化提升到比经济更为重要的地位。

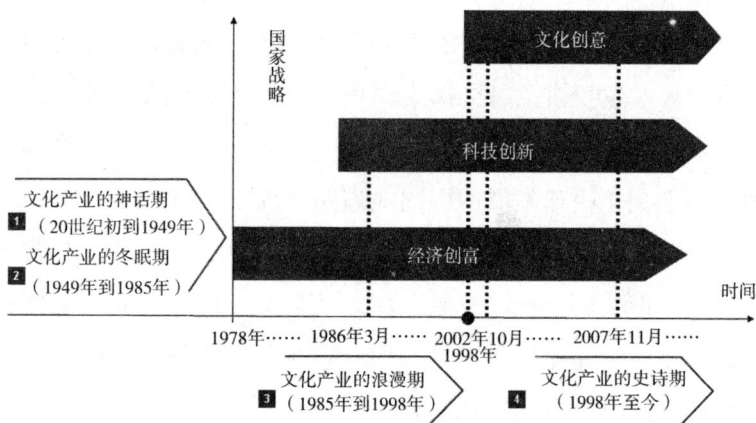

图 7-1　国家战略发展阶段图

在中国，作为国家战略的文化创意战略肇始于 1998 年，其标

志就是这一年中国政府在文化部设立了文化产业司，专门负责文化产业的政策制定和行业指导。其后，党中央和国务院分别在2000年的《国民经济和社会发展"十五"规划纲要》中提到了大力发展"文化及相关产业"，在2002年党的十六大报告里提到了"加快文化体制改革和文化产业发展"，表明新世纪的中国迎来了一个新的时代——知识经济催生的文化消费时代。2006年9月，国务院在《国家"十一五"文化发展规划纲要》里重点表述了文化产业发展的国家战略。2007年11月，党的十七大报告再次强调了发展文化产业的重要性，认为文化产业是实现我国小康社会目标"政治建设、经济建设、社会建设和文化建设"四位一体的重要手段和途径，并提出大力发展文化产业，实施重大文化产业项目带动战略，加快文化产业基地和区域性特色文化产业群建设，培育文化产业骨干企业和战略投资者，繁荣文化市场，增强国际竞争力。2009年9月，国务院颁布《文化产业振兴规划》。2010年，胡锦涛总书记在中央政治局第二十二次集体学习上对文化建设发表了重要讲话，九部委颁布了《关于金融支持文化产业振兴和发展繁荣的指导意见》。2011年，十七届六中全会全面系统地阐释了文化改革发展的中国式道路，提出了建设"社会主义文化强国"的奋斗目标。2012年，在党的十八大报告中，也提出"促进文化和科技融合，发展新型文化业态，提高文化产业规模化、集约化、专业化水平"的新时代要求等，表明党和政府对发展文化产业的具体思路更加明晰。

三、文化立市是北京世界城市建设的必然选择

以成功举办2008年奥运会为标志，北京已经成为中国国内率

先进入后工业社会的前卫城市。按北京市统计局公布的数据显示，2016 年北京市人均 GDP 达 114690 元人民币，接近发达国家水平。信息服务业、文化创意产业等第三产业的发展势头迅猛，经济结构发生变化，按照 2011 年北京市统计局初步核实数计算的三次产业结构：第一产业占 0.5%，第二产业占 19.2%，第三产业占 80.3%，北京已经迈过了后工业社会门槛，北京社会生产力发展综合水平已经接近发达国家。这为北京市文化战略的实施提供了坚实的物质保障，同时随着物质生活水平不断提高，广大市民的文化消费需求日益增强，必将对北京市文化立市战略构建产生重要推动作用。

同时，近年来，随着转变经济发展方式的步伐不断加快，产业结构、消费结构进一步优化，2009 年 12 月，中共北京市委十届七次全会首次提出了北京要建设世界城市的口号。2010 年 3 月召开的北京市"两会"上政府工作报告又明确提出"北京要建设为世界城市"的战略目标。此后，北京市政府一直将"世界城市"作为发展目标来实施的。衡量世界城市的核心指标即城市的全球影响力，即世界城市应对全球政治、经济、文化具有影响力。影响力是一个城市拥有主导和改变思维模式和价值取向的能力及权利。在内涵上主要包括三个方面：一是公认度，世界城市不是自封的，而是公认的，是需要有社会认可度和国际公认度的。提升国际公认度的前提是要有国际知名度、美誉度、满意度等。二是话语权，从某种意义上，影响力就是话语权。话语权是平等参与全球化事务的一种资格。影响话语权的要素有定价权、信息发布权、文化主导权、技术标准权、市场引领权和规则制定权等权利。三是软实力，软实力是影响力的本质。软实力至少包括国际语言环境、国际机制和对外政策、人才、意识形态和价值观、文明程度和大众传媒等。可以说提高城市的全球影响力，本质上是提高城市的软实力，而提高城市的软实力必须有文化的有力支撑。20世纪60年代以来国际上形成的各种衡量世界城市的标准都表明，文化条件在世界城市形成过程中不可或缺，而且这一点不会因一个城市在世界城市等级体系中的位置高低而改变。例如：纽约、伦敦、巴黎等世界名城成功转型保住了世界中心城市的地位，以东京、新加坡为代表的一些新兴工业城市也在向后工业城市转型过程中发展成为全球或区域性的国际经济城市，也有类似底特律、伯明翰这样的一些城市从繁荣和工业领导者的地位沦落到衰落的状态。在这些成功转型的案例中，比较明显的一点特征是成为世界知识的创新中心。世界城市的知识创新不仅仅是传统意义上的科技创新，还包括价值观创新、生活方式创新、传播方式创新、服务创新等等与创意有关的活动。而这其中文化发展与之有着不可分割的天然联系。正如新加坡国立大学的莉莉孔（Lily Kong, 2007）通过分析新加坡、中国香港和上海的城市发展状态时，提出世界城市要保持其全球影响力不仅需要成为全球网络的关键阶段，还必须积极累积文化资本，创建新文化空间和文化地标，从而增强全球竞争力和构建国家和城市文化认同。

而随着文化体制改革的进一步深化和文化地位的提升，文化对城市建设的重要性逐渐明晰。很多城市如深圳、杭州等都提出了"文化立市""文化兴市""文化强市"的战略和口号。这些城市认为要实现建设国际化城市的目标，必须有文化的有力支撑。城市在经济服务功能外，而且必须拥有现代化的文化设施和文化服务功能，拥有高水平的大学、医院、图书馆、博物馆和各类科学、技术、文化研究机构，拥有发达的出版业、报业、影视传播业、娱乐业，在文化生产、文化服务、国际文化交流诸方面具有明显的地位，成为国内乃至国际科技、教育、文化的交流中心，具有强大的文化辐射力和吸引力。就城市形象而言，这些城市希望通过"文化立市""文化兴市"或者"文化强市"的战略，提升市民素质，提高市民生活质量和生活品味，打造鲜明的文化特色，并提供良好的生态环境，能以自己独特的文化魅力和整个城市的文明程度来吸引投资人和旅游者，并在国际文化交流中不断提高自己的国际知名度。

目前现有的"文化立市""文化兴市"或者"文化强市"战略从城市文化战略一般发展阶段来看，尚处于第四阶段——城市文化品牌的营销阶段，乃至第三阶段——文化创意产业的兴盛阶段，或者第二阶段——文化导向的城市更新阶段。所谓城市文化战略一般发展阶段分为五个阶段：第一阶段是历史文化遗产保护阶段；第二阶段是文化导向的城市更新阶段；第三阶段是文化创意产业的兴盛阶段；第四阶段是城市文化品牌的营销阶段；第五阶段为文化战略整合与升华阶段。北京市在奥运会结束后基于人文奥运理念提出的"人文北京"战略是对首都城市品格和城市发展战略的一种定位，处于第四阶段中后期，并开始从城市文化品牌的营销阶段逐步转向第五阶段战略整合阶段。"人文北京"战略的核心是坚持"以人为本、以民为本"，通过大力发展民生事业，促进社会建设和文化建设，提升城市的品质和文明程度，体现北京作为"国家首都、国际城市、历史名城、宜居城市"的城市性质和功能定位。但要系统化地评价北京的城市性质和功能，仍然需要更为具化，可衡量的城市文化战略，需要对现有的"人文北京""文化强市"等文化战略进行整合和升华，因此在当前北京市的城市文化战略发展阶段，城市文化战略整合与升华阶段初期，北京市需要对现有的城市文化战略进行整合，要在充分分析城市的地域文化特征以及城市现有文化资源的基础上，提炼城市文化主题，分析各种文化战略的内在关联，依据城市文化资源，以城市文化主题为统领将各种文化战略进行有机整合，形成相互促进的文化战略系统。在此基础上形成完整的城市文化品牌序列，进行全球范围的城市营销。此外，还应将北京市文化战略系统与其他战略系统，例如经济发展战略系统、环境保护战略系统进行进一步整合，形成多个系统相互关联促进的全方面城市发展战略系统，从而实现城市的全方位可持续发展，并使得这一切发展成果最终能更好的服务于人。

因此，北京市必须在深入剖析现代城市的发展内涵的基础上，坚持人文北京"以人为本，以民为本"的理念，坚持"文化强市"的发展目标，构建符合上述时代特征和理论背景的"文化立市"战略。

四、基于新都市主义的北京文化立市战略的内涵

在城市文化战略实践早期，城市文化战略主要集中于物质空间塑造。最初，有学者认为那些实实在在的有形建筑，如高楼大厦，比那些基于地方文化特征而构想的城市和社区更容易吸引市

民和游客的注意（金，King，1996），随后人们从单纯地依靠建筑高度模式中解放出来，"我们实现了以建筑和地标的文化艺术属性的精致设计来传达城市符号与意象。虽然方式不同，但其与传统方法一样都产生了提升城市竞争力、促进城市经济复苏、增强社会融洽和市民自豪感等效果"（德弗朗茨，De Frantz，M.，2005）。而新都市主义提出了不同的主张，他们试图用回归传统和重建社区公共空间的方法，以及制定前瞻性的城市规划，来恢复旧有城市的人文性，并推动社区文化的可持续发展。同时，新都市主义坚持公众价值比私人价值重要的原则，采用适度混杂的方法，整合现代生活的诸要素，再造城市社区活力。

如前文所述，目前北京市的城市文化战略发展正处于第四阶段末期和第五阶段初期，即城市文化战略整合与升华阶段。在这一阶段，城市文化战略的要求是即要能最大限度地发挥文化的作用，使文化成为城市经济社会发展的强大推进器，使城市逐步由"功能城市"向"义化城市"过渡，即能满足人与自然融合交流的要求和人与人之间沟通交流的要求；同时，又要保持和延续城市的历史和文脉，让城市成为"有故事的建筑空间"。并最终实现社会发展和人的全面自由发展的和谐统一。这也是基于新都市主义的北京文化立市发展战略的核心。

下面我们从以下几个方面来加深对基于新都市主义的北京文化立市战略内涵的理解与认识。

首先，北京文化立市战略中文化的概念是一种大文化的概念。它不仅仅单指城市中的文化教育设施、人的知识水平、市民的受教育程度等狭义的文化概念，是形象空间、功能空间和意象空间的复合体，以及它所形成的整体城市文化意象，包括了整个城市所创造的一切物质文化、制度文化、行为文化和观念文化的总和。可以说只有基于这个大文化的概念，我们才可以自然地将文化的发展与城市构建，以及经济转型、社会发展内在的融合在一起，从而产生相互促进、共同发展的良性局面。

其次，北京文化立市战略是对北京城市意象的重新定位。所谓城市意象具有二元结构的特征，它不仅有具体的物质形态，即城市的广场、街道、公园绿地、住区、旧城中传统街区和诸多的纪念性标志物或建筑等等能为人感知的景观；而且包括物质形态以外的内涵，即在城市物质形体环境中的人的生活方式与特定的文化活动。北京文化立市战略即要对这种公众对城市认同的感知进行重新建构。或重新构建主体视觉，获取差异认同。例如：提炼北京的历史视觉元素，将能代表北京城市建筑园林特色的设计元素，运用在不同区域，以形成相应的视觉呼应；或者对北京新兴的城市文化进行提炼和创新，赢得精神认同。例如：对如"798"、宋庄之类创意生活符号加以提炼和开发，使北京在传统文化沉淀的基础上，推动都市现代文化的传承。

再次，北京文化立市战略的确立应是一种双向互动的过程。因为城市的认知是双向互动的过程，城市意象的形成是城市拥有的各种景观在人们头脑映像的结果。不同受众对于城市感知有所不同，因此要注重对受众特征的分析。根据城市长期居民、短期暂住人员和临时性旅游者等不同类别受众的日常活动领域，将良好的城市景观转化为他们心中深刻、持久、美好的人文感知。例如针对城市长期居民，对日常活动的街区、商城、广场和绿地等地段的文化要素进行提炼，主要从空间意象和人文意象两方面来加强城市居民对北京市的城市感知；而对于临时性的旅游者，则需要对交通枢纽、城市地标、著名景点等地的管理水平、经营理念、口号标示等等城市形象进行系统的构建，确保将良好旅游意象呈现给临时游客。无论是空间意象、人文意象和旅游意象，历史文化遗产传承与城市景观建设都是构建城市意象的不可或缺的基础，能为一个城市构筑独有的文化氛围，满足人们的精神文化需求，并赋予城市个性，从而增强城市的竞争力和生机活力。通过城市的历史文化与景观文化意象，对内可以提升市民的自信心与自豪感，提升市民的文化素养与气质，使得城市的居住价值与就业价值得到巩固；对外则可以强化城市形象的推广、城市知名度的提高，可以不断吸引游客前来旅游消费，可以不断强化城市的历史文化与景观文化的认知度，从而为城市价值的传播与品牌提升获取更多的机会与渠道。

再者，北京文化立市战略的是综合认识的结果，在北京文化主题和文化符号的生成途径上，要官民并举。所谓综合认识指的是市民主体对城市客体的总感知。它不是单个市民对城市的感知，也不是多数市民对城市文化个别要素的认识，而是绝大多数市民对城市的总体认识的结果。因此，实施好文化立市战略，就需要党委与政府加强对全体市民的积极引导，从打造城市核心竞争力的高度来认识文化立市战略的内涵，从增强城市文化软实力的高度来认识文化立市战略的内涵，从社会和谐稳定的高度来认识文化立市战略的内涵。只有形成了这样一种共识，文化立市发展战略才有了积极推进与健康发展的基础。又因为北京文化立市战略是综合认识的结果，在北京文化主题和文化符号的生成途径上，要官民并举。要采取北京市政府规划和民间创意并举的多渠道策略。政府的有意识的构思、投入和组织固然重要，民间人士、民间组织的个人或群体创意更有特殊的重要意义，因为它们更具灵活性、自主性，还可以随时加以变通。

最后，北京文化立市战略是与城市发展规划、环境保护战略、经济可持续发展计划等战略互动的结果。新都市主义重视住宅设计和社区整体规划，把生活、工作、购物、娱乐、休闲集中起来考虑，使生活、休闲、工作三位一体。新都市主义还有一部分主要内容是要恢复旧城市面貌和功能，带动了周边地区，甚至整个城市的发展，使城市重新成为人们集中居住、工作和生活的中心。这就要求北京文化立市战略必须考虑与城市发展规划、环境保护战略、经济可持续发展计划等战略互动，保持战略的一致性。

总之，基于新都市主义理念的北京文化立市战略的主要目的是通过文化立市战略的实施，完善城市独特的区域文化、产业环境、社会文化基础建设和居民素质之间的有机连续性，使北京成为国际战略性的创新中心、中外文明融合和多元文化的交流中心，实现硬实力与软实力的高度统一。德裔美籍哲学家和社会理论家赫伯特·马尔库塞认为，生活在当代工业社会的人是"单向度的人"，而我们今天要成为"多向度的人"，文化立国是实现这个目标的一项重要的国家承诺和战略保障。那么，作为国家"文化强国"战略实施的具体个体，北京各级政府部门应在落实文化立市战略分解任务的同时，还应积极将文化输入到城市每一个地方，让文化立市概念成为每一个市民的文化责任。

第二节　北京市文化发展状况的评价指标体系

一、评价指标的构成要素

文化立市的指标体系的构成，对北京市未来的文化发展方向将具有一定的导向作用。既要能够体现北京市文化立市战略的特点和方向，还要能全面反应北京市的文化发展状况。根据前文论述，北京市文化立市的总体战略包含了经济发展、精神文明建设、社会和谐、政治支持、生态舒适等，涉及城市发展的方方面面。在构建指标体系时，要考虑到总体战略所提出的多方面内容。

首先，在经济发展上，文化立市主要考虑的是文化创意产业的发展。指标体系首先要考虑文化创意产业的发展状况。对于文化产业的发展状况主要从三个方面衡量：（1）文化产业的发展概况；（2）文化产业园区发展情况；（3）文化贸易情况。文化产业的发展概况是对北京市文化创意产业发展情况的基本描述，反映北京市当前的文化发展状况。文化产业园区是促进文化产业发展重要方式，产业园区的建成，将在一定程度上促进文化产业集聚的发展，形成集聚优势。因此文化产业园区的数量、规模和发展能力将对北京市文化创意产业未来的发展将产生重大影响。文化贸易情况不但是文化产业发展的重要指标，也是北京市文化影响力的实际体现，主要通过文化出口贸易来衡量。

第二，在精神文明建设方面，教育发展水平能够很好地反映一个城市精神文明的发展状况，而且是城市未来发展的强劲动力。因此，这里从教育方面来衡量城市的精神文明发展状况。从高校和研究机构情况、人口素质、基础教育机构情况和创新能力几方面来衡量。

第三，社会和谐包含了居民在城市中社会生活的方方面面，不可能也没有必要面面俱到。这里从文化立市的角度考虑，从居民日常生活中文化活动参与程度、文化消费行为以及城市文化基础设施建设、城市文化资源和城市文化开放度几个方面可以全方位地衡量一个城市在文化方面的社会发展程度。居民的文化参与程度和文化消费行为是从居民消费的角度衡量城市文化发展情况，一个城市居民参与文化活动程度和文化消费情况，是城市文化发展的重要指标。而文化基础设施建设和城市文化资源是从城市文化提供的角度衡量城市文化发展水平，这是未来城市文化发展的基础。城市文化开放度是城市国际化，文化多元化发展的总的衡量指标，能体现城市文化发展的大环境。

第四，政治支持力度能够体现一个城市政府对文化发展的支持力度，是城市文化软实力的一个重要支持。因此，这里从地区政府在文化方面的财政支持情况、政策支持情况来综合衡量城市在政治方面的支持。

最后是生态舒适程度。生态环境指的是居民在城市居住的基本空间，目前，各个城市都将环境保护作为城市发展的重要课题，城市生态环境也将成为人们进行城市选择的重要标准，因此，城市环境指标包括城市环境质量、城市噪声、绿化面积、景观评价等，这里最重要的是城市景观评价。它是对各种建筑物、城市格局、地形、地貌、大气、水域、绿地、园林、文化设施等凡能引起景观变化的因素进行评价。城市环境指标反映了文化立市的外观形象。

二、评价指标体系的构建原则

本测评体系构建的目的是为了从文化立市的角度对北京市的城市文化现在和未来的发展进行实证研究，因此需遵循以下原则。

第一，系统全面。竞争力是一个综合的概念，城市文化立市战略涵盖了城市发展的方方面面，因而其测评体系首先要能够从不同角度对研究对象做出客观而全面的评价；其次体系要具有逻辑性，指标间具有相互联系；最后，体系要从发展现状和未来发展潜力两个层面反映城市流通竞争力水平。

第二，针对性强。本研究既是从文化立市的角度开发指标体系，那么指标的选取就要能够反映城市文化现在以及未来可能的发展的状况，因此，要既要区别于城市综合竞争力、城市投资环境、生活满意度等其他评价体系，还要能够未来的发展方向。

第三，有代表性。指标的选取要能够对所反映的情况有较强的指代性。以文化产业的发展水平来说，其规模、增长和效率是最重要的三个方面，因此要选择能反映其客观情况的相应指标。

第四，便于操作。体系的可操作性主要是针对数据获得及统计方法适用两个方面。由于本课题的研究对象是北京市，因此，主要通过《北京市统计年鉴》查找数据。同时，由于文化的很多方面并不能通过绝对的数量化指标来反映，例如城市景观设施等，因此，本研究对于部分指标采用德尔菲法（专家打分法）来获得数据，虽然具有一定的主观性，但是仍然能够反映城市文化发展的基本状况。

三、评价指标体系的构建方法

由于本研究仅对北京市进行研究，因此数据量受到很大限制，为了在有限的数据量中，尽可能地降低主观性，本研究采取层次分析法构建指标体系，用以计算每一层次的指标的权重。

层次分析法（AHP）是美国匹茨堡大学数学运筹学家萨蒂（T. L. Saaty）教授在20世纪70年代提出的，是一种定性分析与定量分析相结合的系统工程的分析方法。其基本思想是：把一个复杂的问题分解成各个组成部分，然后将这些组成要素按支配关系进行分组，从而形成一个有序的递进层次结构，在这个基础上，通过两两比较的方式确定层次中各个因素的相对重要性，最后综合人的判断确定出各个要素的相对重要性的总的排列顺序。运用AHP方法，大体可分为以下三个步骤：

步骤1：分析系统中各因素间的关系，对同一层次各元素关于上一层次中某一准则的重要性进行两两比较，构造两两比较的判断矩阵；

步骤2：由判断矩阵计算被比较元素对于该准则的相对权重，并进行判断矩阵的一致性检验；

步骤3：计算各层次对于系统的总排序权重，并进行排序，最后得到各方案对于总目标的总排序。

四、评价指标体系

在确定了指标体系的主要内容和构建方法后，本研究构建了三级指标体系来评价北京市文化立市战略，如表7-1：

表7-1 北京市文化立市战略指标体系

一级指标	二级指标	三级指标
文化产业发展状况 0.2240	产业发展概况 0.5499	文化产业增加值 0.5396
		行业中企业数量 0.2970
		从业人数 0.1634
	园区发展概况 0.2402	文化产业集聚区数量 0.667
		国家级文化产业园区数量 0.333
	文化贸易概况 0.2098	文化服务贸易相对整体出口贸易的分布 0.75
		文化产品贸易相对整体出口贸易的分布 0.25
城市文化资源 0.0760	文化基础设计建设水平 0.75	公共图书馆数量 0.5
		文化馆数量 0.25
		博物馆（美术馆、科技馆、纪念馆）数量 0.25
	历史文化资源 0.25	国家级重点文物保护单位数量 0.4
		市级重点文物保护单位数量 0.2
		世界文化遗产数量 0.4

一级指标	二级指标	三级指标
政策支持力度 0.0471	国家及地方政府公共财政支出 0.2776	公共文化工程支出 0.25
		公共教育支出 0.75
	文化企业税收优惠政策 0.0953	增值税减免指数 0.333
		营业税减免指数 0.333
		所得税减免指数 0.333
	文化信贷支持 0.1603	文化企业信贷信用额度 1
		公共文化活动频数 0.6667
		社区文化建设政策出台数量 0.1667
	公共文化事业 0.4668	校园文化建设政策出台数量 0.1667
教育发展水平 0.2240	高等教育科研机构 0.4	普通高等学校数 0.1578
		985、211 高校数 0.2979
		国家重点实验室数 0.2979
		国家实验室数 0.1578
		民办高等教育机构数 0.0885
	人口素质 0.4	文盲率 0.0909
		普通高校在校学生数 0.4545
		每十万人大学生数 0.4545
	基础教育发展 0.2	每十万人幼儿园数 0.1217
		每十万人小学数 0.2068
		每十万人初中数 0.2068
		每十万人普通高中数 0.3407
		职业教育机构数（中等职业教育机构）0.0752
		特殊教育机构数 0.0488

续表 7 - 1

一级指标	二级指标	三级指标
文化需求 0.1289	居民文化活动 0.5	电影播放数量 0.4
		演出场次（音乐会、演唱会、戏剧、舞蹈等）0.4
		文化活动次数 0.2
	人均居民文化消费 0.5	人均文化消费总量 0.333
		人均文化消费总量所占居民零售品消费总额的比率 0.1667
		人均文化消费总量所占居民可支配收入比率 0.1667
		人均教育消费总量 0.333
城市环境 0.0760	城市建筑 0.25	建筑美观程度 1
	城市空气 0.75	空气清新程度 0.667
		林木绿化率 0.333
城市文化开放度 0.2240	城市包容度 0.5	居民宽容度 0.25
		自我表达度 0.75
	国际化程度 0.25	市级友好城市数量 0.1222
		外国及港澳台地区驻京企业数量 0.4231
		外籍人员占京人口比例 0.2274
		年国际文化活动数量 0.2274
	文化多样性 0.25	年艺术活动种类 0.2274
		年节日庆典种类 0.2274
		建筑风格多样化认同度 0.1222
		城市文化多样性认同度 0.4231

注：表中指标后的数字表示该指标对上一级指标的权重。

第三节　北京市文化发展状况的 SWOT 分析

一、北京市文化发展基本状况

根据上文所建立的指标体系，本研究以 2016 年北京市统计年鉴为基础查找数据，初步分析北京市目前文化发展的各方面状况。表 7-2 通过指标体系，详细反映了北京市文化发展的基本情况（见表 7-2）：

表 7-2　北京市文化发展基本状况

一级指标	二级指标	三级指标	标准化数据
文化产业发展状况	产业发展概况	文化产业增加值	1989.9 亿
		行业中企业数量	6800 家
		从业人数	140.9 万
	产业园区发展	文化产业集聚区数量	30 个
		国家级文化产业园区数量	17 个
	文化影响力	文化服务出口额	12.24 亿美元
		文化产品出口额	1.7 亿美元
城市文化资源	文化基础设计建设水平	公共图书馆数量	26 座
		文化馆数量	20 家
		博物馆（美术馆、科技馆、纪念馆）数量	162 座
	历史文化资源	国家级重点文物保护单位数量	98 个
		市级重点文物保护单位数量	6 个
		世界文化遗产数量	1 个

一级指标	二级指标	三级指标	标准化数据
政策支持力度	国家及地方政府公共财政支出	公共文化工程支出	50.2 亿
		公共教育支出	381.2 亿
	文化企业税收优惠政策	增值税减免指数	免征 4 年
		营业税减免指数	免征 4 年
		所得税减免指数	免征 4 年
	文化信贷支持	文化企业信贷信用额度	50 亿
	公共文化事业	公共文化活动频数	13247 次
		社区文化建设政策出台数量	10 项
		校园文化建设政策出台数量	7 项
教育发展水平	高等教育科研机构	普通高等学校数	89 个
		985 及 211 高校数	34 个
		国家重点实验室数	58 个
		国家实验室数	9 个
		民办高等教育机构数	83 个
	人口素质	文盲率	1.70%
		普通高校在校学生数	578633 人
		每十万人大学生数	31499 人
	基础教育发展	每十万人幼儿园数	64.65 家
		每十万人小学数	54.00 个
		每十万人初中数	16.94 个
		每十万人普通高中数	14.37 个
		职业教育机构数（中等职业教育机构）	137 个
		特殊教育机构数	21 个

一级指标	二级指标	三级指标	标准化数据
文化需求	居民文化活动	电影播放数量	97. 42 万
		演出场次（音乐会、演唱会、戏剧、舞蹈等）	54905 场次
		文化活动次数	3401 场次
	人均居民文化消费	人均文化消费总量	2136 元
		人均文化消费总量所占居民零售品消费总额的比率	9. 72%
		人均文化消费总量所占居民可支配收入比率	6. 49%
		人均教育消费总量	1171 元
城市环境	城市建筑	建筑美观程度	5
	城市舒适程度	空气清新程度	3
		林木绿化率	54%

二、北京市文化发展情况的 SWOT 分析

SWOT 分析法，是一种态势分析工具。20 世纪 80 年代初，美国旧金山大学韦里克教授提出并借助"SWOT 分析模型"来制定企业的战略规划、竞争策略等。麦肯锡公司则将 SWOT 分析方法具体归纳为：优势（Strengths）、劣势（Weaknesses）、机会（Opportunities）和威胁（Threats）4 个方面，即通过对组织内外部因素进行综合和概括，进而分析、比较组织拥有的优劣势、面临的机会和挑战，从而可以帮助组织科学合理地制定战略，集中优质资源重点发展强项，抢占先机。

SWOT 分析模型的核心思想就是围绕组织当前确立的战略目标，分析组织面临的外部环境及其变化，结合自身的资源组合情况，确定组织的核心能力和关键约束，同时借助通用矩阵对其进行打分评价，并将评价结果定位在 SWOT 分析图或分析表上以利于战略分析。

优势（Strength）

北京作为一个拥有悠久历史文化和皇城文化资源的古都以及当代中国的政治、文化中心，在文化发展中具有独特优势。

1. 文化资源优势：深厚的历史底蕴、特色鲜明的京派文化、丰硕的教育资源

（1）北京历史文化底蕴深厚。作为历代中国的政治和文化中心，北京有 3000 多年的建城史和 850 年的建都史，拥有众多辉煌的帝都景观和丰厚浓郁的文化底蕴，尤其是明、清两代的皇城景观更是闻名遐迩。地道的京派文化、多元的民族文化和世界大都市的时尚元素相互交融，逐渐形成了具有鲜明特色的北京文化，即兼具古老帝都的雄伟庄严、厚重沧桑和现代大都市的时尚繁华、高速便捷。

（2）北京拥有多元的民俗文化和丰富的历史古迹。颐和园、故宫、天坛等皇城文化的杰出代表、独特的胡同——四合院文化以及源远流长的会馆文化和以长城为代表的古代军事文化等为北京市文化发展提供了丰富的源泉和载体，为推广和发展文化创意产业准备了有利的先决条件。京剧、明清等历代丰富史料和军事素材等可与动漫、游戏、影视、旅游等产业相结合发展，促进北京市文化在市场中向前发展。

（3）北京拥有雄厚的教育资源和多元的文化氛围。北京云集了清华大学、北京大学、中国人民大学、中国传媒大学、北京航空航天大学等众多国内外知名高校，是当今中国最主要的教育基地和人才培养和集聚基地，为北京市文化建设提供了强大的智力支持。

（4）北京作为当今中国的国都、政治中心、世界性大都市，国外驻京使馆和各种机构林立，在吸引人才、资金、信息、技术和创意等生产要素方面具有独特的区位优势。这些使馆和机构带来了丰富多彩的异域文化和时尚潮流，既是北京文化吸引力增强的象征，同时也也为推广和传播中国文化，促进文化创意产业的发展提供了新的契机。

2. 人才优势：北京市文化发展的内在驱动力量

现在文化发展需要历史文化资源、科技和创意充分融合，其核心要素和内在的驱动力就是创意人才资源。而这恰恰正是北京市文化发展的优势之一。北京市的文化创意人才资源优势主要体现在以下两个方面：

一是文化创意人才资源的本土培养。北京作为首都和文化中心，高校和科研院所林立，为发展文化创意产业培养了大批的文化创意人才，提供了坚实的智力支持。清华大学、中国人民大学、中国传媒大学等众多高校纷纷设立了与文化创意相关的专业或人才培训基地，走出了"官、产、学、研"有机结合的发展模式，实现了人才优势、学研优势和资本的有效结合，化优势为产业发展的内在驱动力，既为北京市文化发展添"才"加"智"，也为北京市各项文化发展打下坚实的基础。

140

二是吸引留学归国人员和海外创意人才的聚集。2009 年，北京市实施"海外人才聚集工程"以吸引海外高层次人才来京创业。目前，以吸引了大量的优秀人才集聚。这些高层次人才的引进，往往会吸引或带动更多的高层次人才来京创业，聚集效果将日益显现。

到 2010 年，中关村科技园区吸引从事创意产业的归国留学人员已突破万人，以后还会逐年增加。这些海外或有留学背景的文化创意人才带来的不仅仅是创意产品，更重要的是海外先进的创意理念。中西文化、不同文明和理念在这里碰撞，必然会赋予北京市文化发展以新的动力。

3. 资本优势：文化发展的引擎

北京是国家金融决策中心、金融管理中心、金融信息中心和金融服务中心。北京几乎汇集了当今世界上最主要的金融机构，融资能力较强，资本优势显著。金融业作为北京第一大产业和最主要的支柱产业之一，在资金聚集、服务创新、对其他产业的辐射和带动作用方面具有显著的优势。文化创意产业作为仅次于金融业的北京第二大支柱产业，从金融业的发展中更是得到了较多的支持，大幅度带动了北京市文化的发展。特别是 2007 年文化创意产业投融资服务平台创设以来，北京文化创意产业从金融业的高速发展中得到了更多的资金支持，仅 2010 年，通过服务平台，北京文化创意产业从北京银行、交通银行北京分行、中国工商银行北京市分行、中国农业银行北京市分行等金融机构就融资达41.65 亿元。

4. 政策优势：北京市文化发展的助推剂

2007 年 11 月 15 日，北京市率先公布了《北京市"十一五"时期文化创意产业发展规划》，将文化创意产业列为首都经济的重要支柱，并制定了到 2010 年实现产业增加值占全市 GDP12% 以上的发展目标，从而为北京文化创意产业的快速发展定了基调。2008 年，《北京市"十一五"时期历史文化名城保护规划》《北京市"十一五"时期旅游业及会展业发展规划》《北京市出版（版权）业"十一五"时期发展规划》等一系列政策相继出台，对各细分行业的发展进行了详尽规划，从多方面推动了北京市文化的发展。2009 年 10 月 12 日，国务院制定并出台了《文化产业振兴规划》，首次在国家层面将文化创意产业确立为战略性产业，并予以重点发展。此后，在北京市的"十二五"规划及"十三五"规划中，都明确提出要大力发展北京市文化产业的战略目标和政策措施。这些政策措施的相继出台，涉及文化体制改革、知识产权保护、投融资制度创新等诸多方面，为文化发展创造了宽松的政策环境。

为了落实并实现 2016 年发布的《北京市"十三五"时期文化创意产业发展规划》的目标，北京市各区县结合各自的实际情况，纷纷制定了具体的发展规划或行动计划，并取得了良好的效果，中关村创意产业先导基地、北京数字娱乐示范基地、大山子艺术中心、德胜园工业设计创新产业基地、国家新媒体产业基地等一大批文化创意聚集区和产业基地相继涌现，带动和辐射了整个文化创意产业的发展，更推动了北京市整体文化的发展。

5. 消费优势：推动北京市文化长远发展的根本源泉

消费力是各项事业、产业、市场的主要推力和第一资源。文化消费力是首都文化十分醒目而又值得自豪的优势。2016 年，北京人均文化消费达 2327 元，北京的文化消费正在成为引领北京文化快速发展的强大动力。一座城市要想做好文化，就得让这座城市拥有能持续提升生活方式的文化。文化本身就是一种力量，可以改变居民的生活方式。能拥有这样能力的城市，就是文化宜居城市。每天，北京都有很多演出、展览、艺术交流在同时举办，大量的消费者参与其中，这是很多地方无法比拟的，这也正是北京的魅力。

劣势（Weakness）

尽管北京市整体文化发展具备许多优势和先决条件，但是也面临着诸多劣势和不足。这些劣势在一定程度上制约着北京文化整体发展，因而，也是在发展时必须考虑的因素之一。

1. 文化体制劣势：改革不到位，市场化程度不高，影响了历史、科技、文化与产业的充分融合

北京市虽然积极推进了文化体制改革，转换了政府职能，实现了由"办文化""管文化"向"文化服务"的转变，文化单位"事转企"，北京影视集团、北京出版集团、北京报业集团等文化企业纷纷成立，但是市场化发展相对滞后，突出表现在以下两个方面。

一是政企关系改而不断，难以培育出真正的市场主体。一些文化事业单位，虽然成功改制，但距离真正作为市场主体的企业差距较大，市场效率难以有效发挥。一方面改制企业的"等、

靠、要"思想依然严重，市场创新的动力不足，竞争力不强，导致有限的文化创意资源难以发挥最大效用；另一方面，相关部门的"有形之手"伸得太长、管得太多，严重制约了改制企业的主动性和创新性，导致无效投资、重复建设等问题依旧，遏制了文化创意产业的发展和升级。

二是多头管理、条块分割、缺乏统筹规划，极大地影响了资源配置效率。多个部门分别负责管辖文化的某个细分行业，从而形成了"多头管理、条块分割"的布局。事实上，任何一个文化创意产品都是文化、科技、创意的完美结合，可能同时涉及多个部门。这种状况往往会导致政出多门、手续繁杂、效率低下，也必然会增加企业成本，降低资源的配置效率，影响竞争力，最终会阻碍文化创意产业的健康、有序发展。

2. 人才聚集劣势：成本高昂，不利于年轻的创意人才聚集

北京市文化行业从业人员的一个显著特点就是年轻化和低学历化。根据北京市文促中心2016年的调查发现，在全体从业人员中，25岁及以下的人员约占78.35%左右，低龄化现象非常明显。以从业年限看，从业年限在2年及以下的人员高达73.2%。无论从年龄还是从业年限看，北京市行业队伍呈现年轻态。这一方面说明年轻人富有想象力和创新能力，更适合文化行业发展的需要；另一方面年轻人物质积累薄弱，正处于创业初期和事业的上升期，选择聚集地区时，会比较、参考生活成本因素。北京当前高企的房租和房价、拥堵的交通必然会影响年轻人的现实选择，阻碍年轻的创意人才在北京聚集，从而制约北京文化创意产业的持续发展。日前，人才"逃离北上广"意向渐浓就是最好的

例证。

3. 产品劣势：创意不足，制约了影响力的扩大

模仿多于创意，从而导致产品劣势，制约了文化影响力的扩大，这是北京文化影响力发展面临的十分棘手的问题，也是一个显著劣势。"功夫""熊猫"都是中国特有的文化元素，而《功夫熊猫》花落美国，究其原因，创意不足是其根本。一些文化产品是在简单地复制、模仿，真正原创性的创意产品甚少，所以中国文化产品对外竞争力弱就不难解释了。北京文化创意产业近来虽在创意方面取得了较大成绩，但是"创意不足"仍然是制约产业发展的头号"顽疾"，转向"创意"市场在今后相当长一段时间内仍是产业发展的重中之重。

4. 融资政策劣势：中小民营企业融资困难点影响文化整体发展

北京作为世界有影响力的金融之都之一，资金充足，发展文化创意产业的资本优势明显，但是，如何将这种优势转为胜势，是北京推动全方位文化发展首先要解决的难题之一。

调查显示，以从业人员的数量看，北京市 70% 以上的文化类企业的雇员在 100 人以下，其中 11～50 人的企业占 29.17%，51～100 人的企业占 25%，是被调查企业中比例最高的，这充分表明目前文化产业的主体仍然是中小型企业。从企业性质看，民营企业的数量最大，占总数的 32%，是北京文化产业的主力军。而民营中小企业融资难是众所周知的事实。所以，当前北京文化产业面临的融资现实是：一方面国有大中型企业资金充盈、融资非常容易，另一方面作为产业大众的中小民营企业却资金严重不

足、融资困难。

然而，"创意贷"、文化创意产业基金等文化创意品牌虽好，却难以有效解决上述融资困局。中小民企的融资难题在相当一段时间内将长期存在，严重束缚了中小民企的发展壮大，成为制约文化创意产业发展的新的瓶颈。

机遇（Opportunity）

1. 政策机遇：发展低碳经济，为各项文化事业发展提供了新的契机

随着中国政府在哥本哈根庄严承诺"到2020年实现单位 GD-PCO2 排放较2005年下降40%～45%"，低碳经济已成为我国经济发展和社会生活的基本特征。内涵型低碳经济成为我国经济发展方式转变、结构调整的方向。文化作为内涵型低碳经济中知识、技术、创新等产业价值链的高端环节，是一种最符合低碳要求的、高附加值的绿色产业。文化与低碳充分融合，能够大大提高低碳经济发展效率，因此文化产业的发展得到了当前发展低碳经济政策的大力支持，是低碳经济发展模式的核心层和支柱产业。同时，各项文化事业的发展，也有助于提高居民文化素质，是推动低碳发展的重要动力。

2009年国务院出台了《文化产业振兴规划》，进一步从产业角度为北京市文化发展奠定了政策基础、指明了方向；2016年全国文化产业工作会议在北京召开，再次明确了发展文化产业的具体任务和工作安排。

经过"十二五"期间的快速发展，北京文化创意产业在管理、人才、技术、经验、市场等各个方面都取得了较丰硕的成果，奠定了向高端发展的坚实基础。北京文化创意产业应紧紧抓住当前发展低碳经济的良机，充分进行市场化改革，加快向高端化、国际化方向发展，进一步提高其在国民经济中的比例和地位。以市场为核心，带动各项文化事业的发展。

2. 城市功能调整的内在需要：提供各项文化事业快速发展的基础

在 2005 年 5 月北京市颁布的《关于区县功能定位及评价指标的指导意见》中，把全市分为首都功能核心区、城市功能拓展区、城市发展新区和生态涵养发展区。城市功能调整一方面可以避免各区县的产业趋同和重复建设，另一方面，使各区县充分发挥自身的资源优势，确立优先发展产业和重点行业以及限制发展或严禁发展的产业。这样，发展文化创意产业就成为了新定位的城市功能的内在需要。例如，作为首都功能核心区的东城、西城重点发展文化创意产业及数字内容产业；以雍和宫文化科技园、大栅栏——琉璃厂文化商业区、国际传媒大道、民俗特色街区为载体，大力发展文化创意产业，促进高新技术和文化产业的融合发展。同时，各区域内在功能的调整，也为多元化文化事业的开展提供了广阔的空间。

3. 结构调整机遇

北京各项文化事业的发展，可以促进城市经济结构的优化升级，有利于扩大就业、促进社会的全面进步。现代社会，文化不是孤立的内容，而是文化、科技、智慧的高度融合，文化事业的发展能够促进传统产业的优化、升级和现代化更新，促进传统产品的价值创新。文化与高新技术产业、传统制造业的有机融合，可以创造出富于丰富文化内涵的特色产品，形成差异化的特色品牌，从而提升产品的竞争力，丰富居民文化生活，提升城市文化品位。

高新技术，尤其是现代数字技术的发展为文化创意产品的开发、消费和多样化文化形式的拓展提供了广阔的空间，为激活文化创意资源，实现空前规模的产业结构调整准备了基础条件。同时，文化还具有渗透性、整合性、跨越性等特点，从而使其很容易横向延伸到其他产业部门，相互融合、互生互长。

威胁（Threat）

1. 国外竞争的威胁

北京虽然有优秀的文化传统，然而，全方位文化事业在国际上起步较晚、国际化程度较低，如何发挥后发优势，迎头赶上文化事业发达的国家和地区，是北京各项文化事业持续发展的关键。目前，美国、韩国、英国、日本等国在发展文化产业方面具有显著的比较优势，韩剧、日本动漫、美国大片等文化产品大量进入中国市场，对中国的青少年产生了重要影响。这不仅是经济问题，更是关乎中国文化安全的政治问题。北京各项文化产业如何逆势赶上，利用和发展中国悠久的历史文化资源优势，开发出蜚声世界的文化创意产品，发挥中国文化的软实力，尚需各界不懈努力。

自从 2001 年加入世界贸易组织以来，中国文化产品市场的开放程度不断扩大，美、日、韩等发达国家凭借资本、创意、技术、人才等优势，不断向中国市场输入好莱坞电影、迪斯尼动漫、韩剧、日剧等文化产品，占据了相当大的市场份额。北京文化创意产业面临着严峻的竞争形势。

2. 国内竞争的威胁

2007年12月，江、浙、沪文化厅局长联席会议签署《2008年文化交流与合作项目意向书》，共同推动长三角地区各项文化产业的合作发展；2016年11月，在杭州召开的长三角地区合作与发展联席会议，再次强调了长三角区域文化产业合作的内容，这些均对北京产业形成强有力的竞争态势。珠三角地区依托成熟的市场经济背景和毗邻港、澳的区位优势，深入挖掘文化商品的商业属性，从而使文化产业在市场化、规模化、竞争力等方面都取得了长足的进步。如《广州日报》《羊城晚报》《南方日报》等文化创意企业的崛起就是明证。西安等城市的文化创意产业经过近几年的快速发展，在市场份额、品牌竞争力等方面都具有一定的优势。在一定程度上，这些优势地区对北京文化创意产业的发展都会形成潜在的竞争威胁。

三、结论

当前，北京市各项文化产业的优势和劣势并存，机遇与威胁同在，但总体上，优势大于劣势，机遇强于威胁。具体地说，丰饶的历史、民俗、教育、时尚等文化资源，培养本土人才和吸引海归的便利条件，总部经济的雄厚资本沉淀，为当前北京各项文化事业的发展奠定了绝对性优势；国家大力推行文化发展、践行低碳经济的政策导向，城市功能结构和经济结构调整的现实需求，为北京文化事业发展，提升城市威化竞争力提供了难得的政策机遇和实践机遇。然而，文化体制改革不到位、创意不足、高房价、中小企业融资难、城市生活环境不足等北京文化发展的制约条件依然突出，尤其是国内外同业竞争的威胁应引起各方的高度关注。

第四节　北京市促进文化发展的方案建议

一、城市文化管理工程

实施城市文化管理工程，创新组织领导机制和绩效考核机制。

首先，实施"社区总体营造"的文化政策。让大部分的行政工作能实实在在地对文化生活进行服务，将文化思维内化到行政体系，成为一种普遍的行政管理思维。同时，明确行政机关自己的政策边界，除文化部门以外的部门都需要花力气管落实文化责任，实施以人为本的城市管理。这就要求进行工作平台和组织领导机制创新，实行"大文化"的管理格局。由市文化产业领导小组负责"文化立市"建设协调工作，重点解决在行动计划实施过程中的重大问题，制定相应政策，确保行动计划顺利实施。通过联席会议等方式，建立"党委统筹、政府决策、企业执行、专家论证、中介参与"的"政产学研媒"工作平台，团结社会群众组织，构建各相关部门和文化市场经营单位密切配合的工作格局。通过领导小组对文化工作进行统一领导、统一决策和宏观管理，打破部门之间的小门户，联成大系统，加强内部工作交流机制，加强信息交流，避免业务重复，将原来分散组织的工作"大型化""集中化"，提高工作的整体效果。

此外，建立建设责任制和分工负责制，明确分工、明确任务、明确责任、明确奖惩，进一步深化上文所构建的"文化立市"战略指标体系，对"文化立市"战略实施的目标和主要任务进行细化分解，制定相应的政府绩效评价指标体系并研究制定具体的考核办法。市文化产业领导小组总揽文化立市战略的全局工作，搞好总体决策、组织、指挥、落实工作，并将"文化立市"战略实施的成绩与工作绩效考核挂钩。与文化相关的政府部门则负责职责范围内的文化建设工作，并对主要的活动任务挂靠包干，负责落实，并对各单位推进"文化立市"战略实施的情况，进行定期考核；评价考核的结果与本单位及其领导干部的绩效考核挂钩。例如：市精神文明办是精神文明建设领导组织的办事机构，主要负责组织、指导、协调、监督、检查上述"文化立市"战略路径中与精神文明建设工作。对该部门工作人员，则需要建立健全北京市精神文明建设目标管理责任制，将年度工作细化、量化，层层分解，签订责任书，落实到科室和个人，形成严格监管、严格考核、严格奖惩的管理机制。而除文化部门以外的政府部门也都需要花力气管落实文化责任，注重实施以人为本的城市管理，将文化责任落入本部门的绩效考核目标中。"使文化像毛细血管一样扩张到生活的每个方面，这是政府的每一个部门都应有的意识。"

二、城市文化共建工程

市民既是"文化立市"战略实施的主体，也是"文化立市"

战略实施成果的享有者，要充分尊重广大市民的主体地位，要建立系统的宣传网络，推行全民参与机制。

首先，政府宣传部门应充分利用网络媒体、手机媒体等新兴媒体，以讲座、培训、宣讲、群众活动等多种途径和载体，开展北京市城市主题宣传活动；要通过开展对"文化立市"战略路径心理层面举措的宣传，在广大市民中营造"我参与、我奉献、我快乐"的良好社会氛围；市属新闻媒体，要紧紧围绕"文化立市"战略，有计划有步骤地宣传"文化立市"战略内容、建设成就、先进典型，营造良好的舆论氛围；首都哲学社会科学工作者要运用自己的专业知识和研究成果，在"文化立市"战略建设宣传教育工作中，做出应有的贡献。广泛动员，营造人人关心、人人认同"文化立市"理念的良好氛围；集中智慧、激发热情，形成人人乐享北京人文生活新方式、人人践行"北京精神"的良好局面。总之，要坚持共建共享的原则，使广大市民不单积极地参与建设文化北京的过程中来，更让文化成为北京市民的生活方式，使市民能够生活得更高贵、体面、有尊严。

此外，政府部门作为"文化立市"战略实施的组织者和引导者，要健全信息公开机制，充分利用高速、大容量、多媒体信息网络和现代化通信技术，进一步建设和完善政务信息资源共享交换平台，实现政府部门对公众的数据共享和业务协同，自觉接受社会监督。并搭建市民参与平台，畅通社情民意表达渠道，积极采纳市民建议，为广大市民参与城市文化建设提供制度保障；工会、共青团、妇联等群众性组织，要发挥自身优势，积极协助政府，动员、引导社会各方面力量，共同推进"文化立市"战略实施；各级各类社会组织，要结合自身的特点，采取各种形式，为"文化立市"战略实施做出应有的贡献。

三、政策体系保障工程

制定完善与"文化立市"战略实施相关的地方性法规、政府规章和相关政策文件，为实施"文化立市"战略提供必要的政策和制度保障。

首先，规范资金支持机制和奖励机制。在已有专项基金的基础上完善财政扶持系统，同时引入灵活的投资体制，鼓励多种资本注入文化事业和文化创意产业。之前为了推动文化大发展大繁荣，北京市政府对文化产业的财政扶植力度一直在不断加强，文化事业财政预算不断增加。但仍然需要完善政府资金支持机制，建立具体的指标体系，对财政扶持的效果进行评估考核，以调整下一步的扶持计划。要逐步注重采用市场化的支持方式，从直接补贴、贷款贴息等投入为主，向支持发展创投基金、创投引导基金、股权投资基金等转变，发挥好政府投资的引导放大作用，提高资金利用效率。

其次，完善创意与资本对接机制。构建形成覆盖技术创新和产业发展全过程的多功能、多层次金融服务体系。大力支持境内外股权投资、创业投资机构在京聚集和发展。设立战略性新兴产业创业投资引导基金。支持境内外个人和机构开展天使投资业务。支持股权投资基金的设立和发展，支持企业利用资本市场进行兼并重组、做强做大。推动文化创意金融产品和服务创新，进一步扩大信用贷款、信用保险、股权质押贷款、知识产权质押贷款的规模，完善再担保机制，支持小额贷款机构发展，推动文化创意保险试点，完善面向文化创意企业的金融服务。把北京建设成为全国文化金融创新中心。

最后，完善知识产权的激励和保护机制。实施知识产权战略，推动知识产权创造、管理、保护、应用相结合，使其成为企业提高成长性与竞争力、培育新业态与制定新标准的重要基础和手段。健全知识产权服务体系，促进知识产权有效转移和转化实施。

四、创意环境营造工程

要鼓励多元化的创意氛围、个性化的创意表达；要打造终身学习网络平台，建设学习型城市，营造良好的创意环境，提升整个城市的创新能力。

首先要完善市场机制，扩大创意消费，让文化消费市场的繁荣来刺激创意阶层创意的动力，同时鼓励思想解放，培养创意阶层的个性：一方面要改变市民的惯性思维模式、学习模式和消费模式；一方面要提高他们的文化素质和人文修养，还要对他们的新理念高度敏感，形成一个良性循环的创意大环境。这就要求政府积极打造终身学习网络平台，树立全民学习、终身学习的理念。依托远程教育网络，发挥广播、影视、数字传媒等媒体的技术优势，创办市和区县综合性学习网站，开发网络学习资源，积极发展各类数字化远程教育，建立市民终身学习网络平台，为全民学习提供技术支撑和服务。同时广泛开展学习型区（县）、街道（乡镇）、社区（行政村）等区域性学习型组织和学习型机关、单位、企业、社团、家庭等的创建活动；例如，推动全民阅读活动；宣传在学习型城市建设中涌现出的先进典型；引导各类社会组织重视组织学习；把学习型区县建设纳入区县经济和社会发展总体规划、社区建设规划和教育发展规划，通过学习型区县建设促进区域全面发展。

五、创意阶层打造工程

完善人才培养和管理机制，加大人才培养力度，打造创意阶层。例如，完善以"产、学、研"为培养体系的人才管理系统，在高校设置文化艺术相关专业进行专业化人才的培养，利用多种渠道深入加强文化产业相关专业资格如"创意经理人"资格的培训，使北京市文化创意产业人才系统日臻完善。

首先，完善用人机制和人才激励机制。根据"文化立市"战略实施的需要，重视专业人才的培养、选拔和使用，吸引海内外高层次人才参与"文化立市"战略实施，继续推进"四个一批"等人才队伍建设工程，努力建设政治素质高、业务能力强、本领过硬的专业人才队伍和管理人才队伍。

其次，完善人才管理系统。通过产、学、研联手，成立"北京市创意产业人才培养委员会"，专门负责文化产业人才培养计划的制定、协调；设立"教育机构认证委员会"，对文化产业教育机构实行认证制，对优秀机构和个人给予奖励和提供资金支持。北京市文化创意产业促进中心可以建立文化创意专门人才数据库，登录学界、机关、企业的专家信息。

再次，加强人才培养，增设文化类相关培训。委托相关院校和一些企业开展和规范文化创意产业事业从业人员的资格培训。同时为了鼓励越来越多的人投身文化创意行业，可对在培训中取得优异成绩的人员提供优惠待遇，如高福利薪酬。同时，可以发挥一些非正规院校的作用，扩大职责，赋予更多的教学任务。

最后，加大国际人才交流与合作。通过选派人员出国研修或参加国际项目，培养具有世界水准的专业人才。为了鼓励大家的积极性，政府可以为选派人员实行补贴政策。

六、文化科技转化工程

北京市在推动文化改革发展过程中，提出实施科技创新、文化创新"双轮驱动"战略。如何让科技和文化成为更为有效的驱动力量，这也要求政府搭建首都创新资源平台，积极推动文化和科技转化为实际的创意产品。

因此，可以依托北京作为首都的创新资源密集优势，加强央地合作、校企合作、军民合作、内外合作，以项目为载体，以创意内容为核心，以产业化为目标，集成和整合各方面创新资源，推进产学研用的有机结合，构造形成高效有力的首都创新资源平台，提升创新和成果转化能力。要进一步完善创新支持与服务体系，强化支撑服务。统筹推进重大创意成果产业化，加大文化创意金融服务，开展符合文化创意企业特点的金融产品和服务创新，更好地满足创新需求。完善新技术新产品政府采购和应用推广服务，积极争取将更多的北京创新产品列入国家政府采购目录，促进新技术、新产品的应用和推广。着力抓好政策先行先试工作，推进示范区先行先试政策更为有效地落实。加强规划建设服务，促进创新资源合理布局，为创新发展提供基础条件和有力支撑。坚持以市场需求为导向，特别是瞄准经济社会和城市发展的重大紧迫需求，着力完善以企业为主体的产学研用一体化的创新体系，显著提高科技创新成果转化和产业化水平。

七、城市文化输出工程

区域化的文化艺术难以打造生命力长久的文化消费市场，因此，北京市应当在挖掘本市文化创意资源的基础上，整体塑造"北京文化""北京艺术"品牌，推动文化输出。

应着力塑造"北京文化""北京艺术"品牌，显著增强北京市文化创意产业的竞争力和影响力。可具体采取以下举措：设立北京服务、北京创造股权投资基金，支持品牌企业和重大项目加快发展；组建北京服务、北京创造产业联盟，研究设立文化创意指数、科技创新指数、奥林匹克文体指数等，提出北京文化、北京艺术指数体系；高水平筹办更多有影响力的重大文化品牌活动，为北京文化产品和服务塑造创造条件、提供支撑；加强与其他城市甚至国外地区的交流与合作，为北京市的文化发展注入不一样的生机与活力。此外，政府可以创办"全球故事大赛"等类似的活动，鼓励将中国文化和中国元素用文化产业的方式来创意。同时，制定相关的政策奖励和资助帮助中国文化国际推广的境外机构和境外人士。

第八章

北京市居民西方古典音乐消费行为的
实证研究

北京作为全国文化中心，20世纪90年代就在国内率先提出发展文化产业，在文化艺术领域北京具有得天独厚的优势，在艺术院校、演出团体方面均具全国首位。据北京演出行业协会统计，2016年北京演出收入共计15.27亿元，比2015年同期增长8.68%，创下历史新高。全市113家营业性演出场所共演出21716场，比2015年同期（21075场）增长3.1%。此外，观众总人数达1100万人次。在众多的演出活动中，西方古典音乐现场演出以其优雅、高贵的气质受到许多观众的喜爱。

不过，要推广西方古典音乐，仅仅保证演出场次是远远不够的，还必须深入了解西方古典音乐的观众。目前，西方古典音乐的从业者在很大程度上仍旧依赖经验和直觉进行市场预测。2008年上海东方艺术中心的市场调查也仅仅回答了消费者偏好和消费者构成的现状问题。然而，观众能进入剧场的原因是什么？不同类型的观众在欣赏西方古典音乐演出时在意的内容是什么？他们在欣赏西方古典音乐的活动中扮演什么角色？这些问题尚未得到满意的回答。

在这里，我们将通过问卷调查来回答这些问题，并从社会生态框架的角度进行分析与解释。我们于 2017 年初发放 1200 份调查问卷，回收有效问卷 872 份，问卷调查发放人群包括：北京在读大学生和中学生，后海随机人群，国家大剧院会员，建筑设计公司文职人员，艺术行业从业者等。

第一节 朋友的"邀请"让观众走近古典音乐

自元朝起，西方音乐通过传教士带到中国，在当时的上层小范围中以"猎奇"的方式进行着传播。明末清初，中国人对西洋音乐的理论和乐器充满着了"求知"的欲望。20 世纪初的西学东渐运动，让西方音乐逐渐得到中国知识界的"认同"。不过，对于绝大多数的一般观众而言，这些"外来"的音乐仍然是相对陌生的。

通过我们的调查问卷数据，表明过去 12 个月看过古典音乐表演的占 38.8%，而过去 12 个月中看过电影受访者高达 81.8%，看过话剧的受访者也达到了 50.8%。比较观众对各类演出的喜爱程度就可以看出，古典音乐的得分仅高于京剧（如图 8 - 1 所示）。

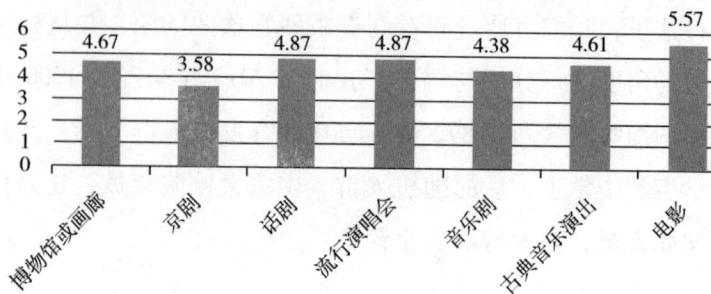

图8-1　观众对各类演出/展览的喜爱程度

注：图中标注的数值为受访者对各类演出/展览喜爱程度的打分，1分表示很不喜欢，7分表示非常喜欢。

对于陌生的东西，观众在接触时就必然需要一定的动机。从本次问卷调查中可以看出，观众走进剧场观看西方古典音乐最重要的动机是受人邀请（图8-2）。也就是说，观众总体上在欣赏古典音乐时是相对被动的。他们主动地作为欣赏古典音乐和关注有关信息的动机并不强烈。在这种情况下，邀请人在西方古典音乐的传播中就显得至关重要了。

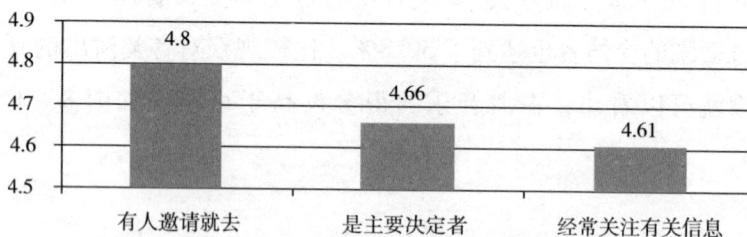

图8-2　观众欣赏古典音乐的决策影响因素

注：图中标注的数值为受访者认为各个要素对自己决定参加某项艺术活动的影响，分值越高影响越大。1分不受影响，7分影响非常大。

既然"邀请"如此重要，那作为重要角色的邀请人又具有哪些特征呢？通过表 8－1 可以看出，专业演奏者在活动中起主导作用的比例为 73.5%，远高于个人爱好者和不会演奏任何乐器的观众。他们参加音乐演出的主动性很高，受人邀请而参加音乐会演出的比例远远低于个人爱好者和不会演奏乐器的一般观众。可以说专业演奏者更适合作为活动的邀请人。

表 8－1　各类观众在决策中的作用及欣赏音乐会的感受

观众类型	主要决定者	受人邀请者	关注文艺信息	时间很难熬
专业演奏者	73.5%	47.1%	55.9%	61.8%
个人爱好者	56.6%	66.1%	58.9%	29.2%
不会演奏任何乐器	46.1%	51.0%	44.1%	28.7%

不过，从对音乐会信息的关注程度来看却有另外的发现。通过表 8－1 也可以发现，个人爱好者对于文艺信息的关注程度要略高于专业演奏者。从这个意义上来说，个人爱好者更容易发现并传达音乐会信息，是更加积极的活动邀请人。

尽管专业的演奏者因为更熟悉古典音乐而自然地成为了合适的活动邀请人，但是邀请人和音乐会的欣赏者却不尽相同。我们的调查发现，专业演奏者中，有 61.8% 的观众认为听古典音乐的时间很难熬，这一比例远高于个人爱好者（29.2%）和不会演奏任何乐器的普通观众（28.7%）。反而非专业的演奏者和不会演奏任何乐器的普通观众却更愿意欣赏一场古典音乐演出。造成这种现象的原因可能是专业演奏者长期乐器的接触出现的疲惫心理。

第二节　多种因素影响观众欣赏古典音乐演出

一、时间至关重要

现场音乐演出作为一项文化休闲消费，合适的时间至关重要。绝大多数的观众都认为，周五至周日的晚上是他们最方便观看演出的时间（图 8－3）。仅仅把演出时间定在观众方便的时候还远远不够。想要推广音乐会，就要让音乐会的推广时间与观众计划参加音乐会的时间相匹配。在本次调查中，40% 的观众表示他们会提前三天到两周来计划观看现场演出的活动（图 8－4）。

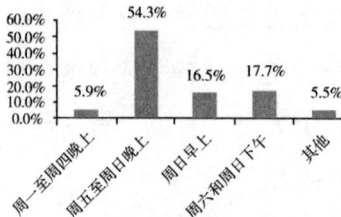

图8-3 观众方便观看演出的时间

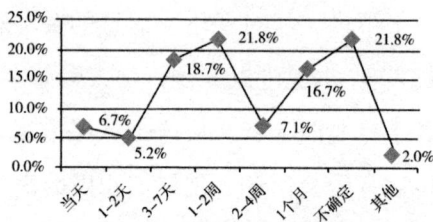

图8-4 观众提前计划观看演出的时间

通过购买套票来规划自己参加演出的时间是国外常见的方式，然而目前尚未被国内广大观众接受。60% 的受访者表示他们不会购买套票。不过，相对于不会演奏乐器的观众而言，会演奏某种乐器的观众更愿意购买套票。其中，专业演奏者中 53.8% 的受访者表示愿意购买套票，个人爱好者中有 43.9% 的受访者愿意购买套票，而不会演奏任何乐器的受访者中，愿意购买套票的比率仅为 31.3%。

二、演出的价值是核心要素

观众在选择是否参加艺术活动，或者在哪里参加艺术活动时，会受到诸多因素的影响。在本次问卷调查中，所涉及的因素包括：是否有好座位、门票价格、门票是否可退换、是否提供免费送票上门服务、演出的日期和时间、演出地点的远近、是否有朋友或家人邀请、演出场所的安全性、预期可能会是一个很精彩的演出、演出场所附近是否方便停车以及演出场地周边是否有吃饭的地方等 11 个因素。通过分析发现，观众认为对他们是否参加艺术活动影响最大的还是演出的价值（图 8-5）。其中，影响最大的是观众是否预期自己将看到一个非常精彩的演出，其次是门票的价格和是否有一个好座位（图 8-6）。

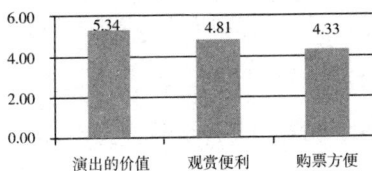

图8-5 影响观众参加艺术活动的因素

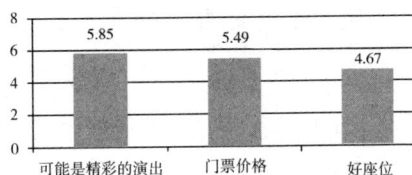

图8-6 演出价值中影响观众参加艺术活动的因素

注：图中标注的数值为受访者认为各个要素对自己决定参加某项艺术活动的影响，分值越高影响越大。1 分不受影响，7 分影响非常大。

尽管 2016 年各类演出总平均票价与去年相比下降了 16.9%，然而对于目前北京的观众而言，260 元的平均票价还是偏高了。从本次访问的数据情况来看，观众对"我觉得现在北京的古典音乐演出票价太高"这一项同意程度的打分的平均分值为 5.37 分。从图 8-7 中可以看出，认为北京目前古典音乐演出票价太高的观众比例占到 72.1% 。可见，票价已经是影响许多观众观看古典音乐的一个障碍。过高的票价会让观众欣赏演出的价值感降低。

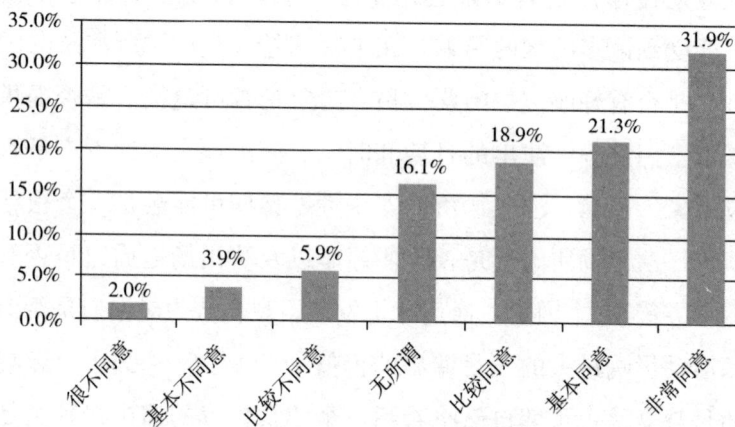

图8-7　观众对票价的态度

（三）便利性也是影响观众参加艺术活动的重要因素

除了演出本身的价值之外，便利性也是观众比较重视的问题。其中观赏便利性中，影响最大的演出的日期和时间，以及演出地点的远近。购票便利性中影响最大的是能否提供免费的送票上门服务。详细分值见图 8-8、图 8-9。

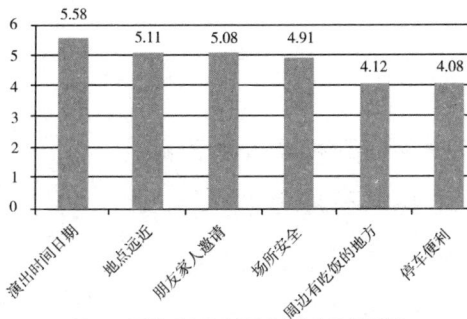

图8-8 观赏便利中影响观众参加艺术活动的因素

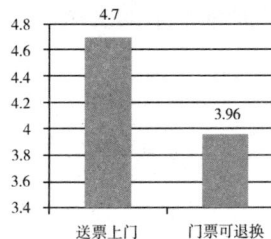

图8-9 购票便利中影响观众
参加艺术活动的因素

　　观众对于送票上门的需求很大程度上是因为网络购票成为了观众对于网络购票的青睐。在本次调查中，33.6%的观众将网上购票作为首选购票方式（图8-10）。

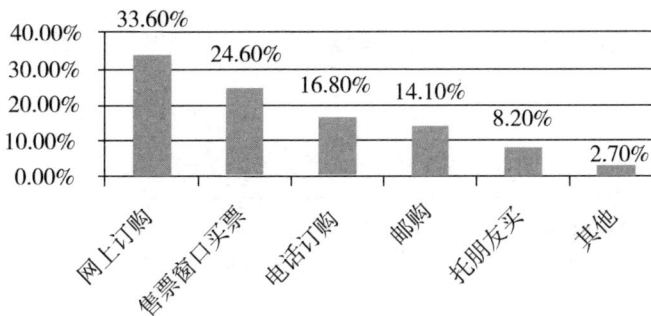

图8-10 观众首选的购票方式

三、曲目说明不可或缺

　　从前面的分析中可以发现，去欣赏古典音乐演出的观众很多都是非专业的演员。他们尽管欣赏美妙的音乐，却并不熟悉曲目。因此，对演出曲目的解释和说明就显得很重要了。从本次调查也可以看出，观众在欣赏这些演出时，会仔细阅读曲目说明以增加对音乐的理解。

第三节　各类人群对参加西方古典
音乐活动要求有所差异

一、长期接触乐器的观众有更多机会参加了古典音乐演出

通常而言，长期接触乐器的观众更容易理解音乐，也有更多的机会参加古典音乐的演出。根据观众对乐器接触程度的不同，本次调查将观众三类：专业演奏者、个人爱好者和不会演奏任何乐器的观众，从表8-2可以看出，随着观众对乐器接触程度的降低，他们在过去12个月参加过古典音乐演出的人员比例也在降低。

表8-2　观众乐器接触程度与过去观看演出行为的交叉分析

是否会演奏某种乐器		专业演奏者	个人爱好者	不会演奏任何乐器	合 计
过去12个月是否参加过古典音乐演出	是	57.6%	40.0%	36.0%	40.7%
	否	42.4%	60.0%	64.0%	59.3%
合 计		100.0%	100.0%	100.0%	100.0%

二、各类观众要求有别

与专业的演奏者在欣赏古典音乐演出时表现出的不耐烦相应

的，是他们对演出之外的其他因素的重视要高于非专业的演奏者。从表8-3的统计数据可以发现，专业的演奏者对演出地点的远近、演出场地的停车便利性、演出场地周边是否有吃饭的地方，以及门票是否可以退换的要求都高于音乐爱好者和一般观众。

表8-3 非演出要素对观众的影响

是否会演奏某种乐器	地点有影响	停车有影响	周边餐饮有影响	门票退换有影响
专业演奏者	88.2%	73.5%	76.5%	69.7%
个人爱好者	64.3%	38.7%	39.8%	38.1%
不会演奏任何乐器	59.8%	48.0%	41.2%	37.3%

三、特定曲目和特定演奏者对专业演奏者更有吸引力

对于专业演奏者而言，普通的音乐会已经无法吸引他们的注意。由于他们长期接触乐器，对曲目和音乐家的了解相对较多，因此只有特定的曲目或者特定音乐家（表8-4）的表演才能够吸引他们走进剧场去参加古典音乐演出。

不过，也是由于专业演奏者对音乐的了解和偏爱，他们比其他观众更愿意选择用参加音乐会的方式来纪念他们的生日或者某个重要时刻（表8-4）。

表8-4 演出要素对观众的影响

是否会演奏 某种乐器	特定曲目 有影响	特定音乐 家有影响	纪念重 要时刻
专业演奏者	73.5%	70.6%	61.8%
个人爱好者	64.9%	68.1%	43.8%
不会演奏任何乐器	47.1%	52.9%	36.0%

第四节 小结

社会营销学者科林斯等（Collins et. al, 2010）提出了一个整合的社会生态框架（SEF）。首先，这个框架可以为我们提供每个层面群体行为改变的机会和障碍的总览。其次，通过制定干预策略可以对任意层级的正面影响进行管理，并通过正面影响对其他层级的障碍施加压力。下面我们将以该理论视角为基础，结合我们在北京地区进行的调查研究，对西方古典音乐演出市场现状进行原因分析并提出相关建议。

从宏观系统来讲，任何个人态度的形成都难免受到社会环境的影响。中国人对西方音乐的态度也是如此。中国的社会变迁深刻影响着人们对西方音乐的欣赏。20世纪初的西学东渐运动，让西方音乐逐渐得到中国知识界的"认同"。

然而，20世纪六七十年代，西方音乐在中国的传播基本上处于停滞状态。而当前中国最具消费实力人群大体都生长在这个年代，他们中只有少数人接触并学习了西方古典音乐。作为音乐推广者，我们应该尽可能影响那些因为历史原因没能接触西方古典音乐，但是愿意为他们的孩子提供欣赏甚至学习西方古典音乐机会的人群。让他们与孩子们一起去欣赏西方古典音乐，以家庭方式参与到古典音乐活动中来。

从外部系统来看，随着改革开放给中国经济带来的巨大变化，中国人开始有机会越来越多地接触到世界上不同的文化艺术形式。西方音乐重新出现在大众媒体之中，并以精英文化的形象呈现在大众面前。而很多普通人认为欣赏西方古典音乐是阳春白雪，欣赏这种音乐必须具有丰富的西方音乐知识，否则无法听懂。这种不恰当的认识阻碍了大众对西方古典音乐的消费。因此，严肃音乐营销者应该通过大众媒体重新塑造西方古典音乐的在大众中的形象，通过群体中的意见领袖改变相关人群对欣赏西方音乐的态度。

作为中层系统的中国中小学中的音乐教育形同虚设，被应试教育和填鸭式教育所主导。而这个时期正是学生们接触音乐艺术的最好阶段。西方古典音乐营销者应该组织相关的社会力量，通过对中小学校长们的影响与说服，在中小学中开展更加丰富的音乐教育项目，例如在学校内成立合唱团、弦乐团、管乐团甚至交响乐团，帮助学校赢得社会声誉，提高素质教育质量，培养学生成为西方古典音乐的爱好者。

鉴于国人主要因为受人邀请才会参加音乐会演出的现状，微系统的功能尤为重要。例如，社交网络已经成为人们日常生活中重要的交际方式，特别是随着微信和微博等使用人群的爆炸式增长，朋友圈或者粉丝们已经成为我们可以施加影响的对象。西方古典音乐营销者应该充分挖掘网络传播的巨大潜力，通过开展网络营销和相配合的线下活动，以口碑传播的方式在朋友圈和粉丝群中推广。

最后，必须要关注到个人。西方古典音乐推广者可以通过问卷调查的形式了解特定目标人群的个人信仰、教育背景和消费习惯等，并通过数据分析和归类找出潜在消费人群，然后设计出针对性较强的营销计划影响其文化消费的态度和行为。

总体而言，西方古典音乐在北京地区的发展虽然已有很长时间，但是仍然处于初级状态，不仅各类演出团体、剧场还有大量的市场空间有待开发，政府及社会文化组织也需要更深入地了解观众需求，推广西方古典音乐，以丰富人们的社会文化生活。

参考文献

1. Booth, P and Boyle. R. See Glasgow, See Culture. In F. Bianchini and M Parkingson (eds) Cultural Policy and Urban Regeneration: The West Europe Experience. Manchester: Manchester University Press, 1993: pp. 193 – 213.

2. Carroll C. D. & Kimball M. S. (2001), "Liquidity constraints and precautionary saving", NBER Working Paper, No. 8496.

3. Carroll C. D. (1992), "The Buffer Stock Theory of Saving: Some Macroeconomic Evidence", Brookings Papers on Economic Activity, 2: pp. 61 – 132.

4. Carroll C. D. (1997), "Buffer – Stock Saving and the Life Cycle/Permanent Income Hypothesis", Quarterly Journal of Economics, 112 (3): pp. 1 – 55.

5. Collins, K., A. Tapp, and A. Pressley, Social marketing and social influences: Using social ecology as a theoretical framework. Journal of Marketing Management, 2010. 26: pp. 1181 – 1200.

6. Deaton A. (1991), "Saving and Liquidity Constraints", Econometrica, 59 (3): pp. 1121 – 1142

7. Dynan K. E. (1993), "How Prudent Are Consumers", Journal of Political Economy, 101, 1104 – 1113.

8. Frith, S. Knowing one's place: the culture of cultural industry. Cultural study from Birmingham. 1991, 1, pp. 135 – 155.

9. Garcia, Lusaria & Serena Ng. (1997), "Excess Sensitivity and Asymmetries in Consumption", Journal of Money, Credit and Banking, 29 (2): pp. 154 – 176.

10. Gardiner, C. and M. Collins, A practical guide to better audience surveys. (Market Research and the Arts). Journal of the Market Research Society, 1992. v34 (n4): pp. 289 (9).

11. Gates, J. T. , Music Participation: Theory, Research, and Policy. Bulletin of the Council for Research in Music Education, 1991 (109): pp. 1 – 35.

12. Guillon, O. , Loyalty Behaviours and Segmentation of Performing Arts Audiences: The Case of Théatre de l'Athénée in Paris. International Journal of Arts Management, 2011. 14 (1): pp. 32 – 44.

13. Hall R. (1978), "The Stochastic Implications of the Life Cycle – Permanent Income Hypothesis: Theory and Evidence", Journal of Political Economy, 86 (2): pp. 312 – 336.

14. Sigurjonsson, N. , Orchestra Audience Development and the Aesthetics of 'Customer Comfort'. Journal of Arts Management, Law & Society, 2010. 40 (4): pp. 266 – 278.

172

15. Yoganarasimhan, H. , Essays on the role of social interactions and networks in marketing, 2009, Yale University: United States——Connecticut. p. 176.

16. Zelds S. P. (1989), "Consumption and Liquidity Constraints: An Empirical Analysis", Journal of Political Economy, 97 (1): pp. 305 - 346.

17. 阿尔文·托夫勒:《第三次浪潮》,新华出版社,1984 年,第 90 - 99 页。

18. 段霞:《首都国际化进程研究报告》,中国经济出版社,2008 年。

19. 关连珠:《如何引导文化消费》,《求是》2011 年第 9 期,第 49 - 50 页。

20. 胡德宝:《中国城镇居民的消费行为及储蓄动机研究》,《中国软科学》2012 年第 10 期。

21. 蓝泽兵:《基于新城市主义对成都建设"世界现代田园城市"的思考》,《知识经济》2010 年第 16 期

22. 李燕桥、臧旭恒:《消费信贷影响我国城镇居民消费行为的作用渠道及检验——基于 2004 - 2009 年省际面板数据的经验分析》,《经济学动态》2013 年第 1 期。

23. 刘靖之:《中国新音乐史论》,香港:中文大学出版社,2009。

24. 刘易斯·芒福德:《城市发展史:起源、演变和前景》,中国建筑工业出版社,2005 年 2 月。

25. 龙志和、周浩明:《中国城镇居民预防性储蓄实证研究》,《经济研究》2000 年第 11 期。

26. 罗楚亮：《经济转轨、不确定性与城镇居民消费行为》，《经济研究》2004 年第 4 期。

27. 罗晓玲：《近年我国文化消费研究述评》，《华中农业大学学报（社会科学版）》2004 年第 3 期，第 50－53 页。

28. 牛文元：《中国新型城市化报告 2012》，科学出版社，2012 年 9 月。

29. 裴春霞、臧旭恒：《中国居民预防性储蓄行为研究》，经济科学出版社，2009 年。

30. 齐天翔：《经济转轨时期的中国居民储蓄研究——兼论不确定性与居民储蓄的关系》，《经济研究》2000 年第 9 期。

31. 施建淮、朱海婷：《中国城市居民预防性储蓄及预防性动机强度：1999－2003》，《经济研究》2004 年第 10 期。

32. 宋铮：《中国居民储蓄行为研究》，《金融研究》1999 年第 6 期。

33. 孙凤：《消费者行为数量研究——以中国城镇居民为例》，上海三联书店，2002 年。

34. 唐晓彤：《浅析"新都市主义"理论的演变高等建筑教育》2007 年第 16 卷第 4 期。

35. 仝如琼、王永贵：《城镇居民文化消费与文化产业发展》，《商业研究》2010 年第 3 期，第 185－188 页。

36. 万广华、史清华、汤树梅：《转型经济中农户储蓄行为：中国农村的实证研究》，《经济研究》2003 年第 5 期。

37. 汪伟、郭新强：《收入不平等与中国高储蓄率：基于目标性消费视角的理论与实证研究》，《管理世界》2011 年第 9 期。

38. 王端：《下岗风险和消费需求》，《经济研究》2000 年第 2 期。

39. 王一川：《"世界城市"建设中的北京创意文化符号》，国家社科基金重大项目"我国文化软实力发展战略研究"阶段成果报告。

40. 向勇著：《文化立国》，华文出版社，2012 年 1 月。

41. 《研究与开发经费支出和公共教育经费支出占国内生产总值比重》，2012 年 2 月 10 日，中华人民共和国国家统计局网。

42. 易行健、王俊海、易君健：《预防性储蓄动机强度的时序变化与地区差异》，《经济研究》2008 年第 2 期。

43. 尹世杰：《再论发展文化产业的几个问题》，《社会科学》2005 年第 9 期，第 4 - 10 页。

44. 袁志刚、宋铮：《消费理论的新发展及其在中国的应用》，《上海经济研究》1999 年第 6 期。

45. 袁志刚、朱国林：《消费理论中的收入分配与总消费》，《中国社会科学》2002 年第 2 期。

46. 约瑟夫·派恩、詹姆斯·吉尔摩：《体验经济》，机械工业出版社，2002 年，第 22 - 31 页。

47. 张静蔚：《中国近代音乐史料汇编（1840 — 1919）》，人民音乐出版社，1998 年。

48. 张寅：《韩国文化创意产业的发展模式》，《中国投资》2006 年第 6 期。

49. 张永文、李谷兰：《韩国发展文化产业的战略和措施》，《北京观察》2003 年第 12 期。

50. 中华人民共和国统计局：《中国统计年鉴 2011》，中国统计出版社 2011 年版。

51. 周绍杰：《中国城市居民的预防性储蓄行为研究》，《世界经济》，2010 年第 8 期。

52. 周伟：《对世界城市的基本内涵与发展规律的认识》，《转变经济发展方式，奠定世界城市基础——2010 城市国际化论坛论文集》。

后　记

　　本书是我们二人科研合作的又一成果，是在王晓彦博士后出站报告的基础上，经过认真修改和精心完善后的呈现。

　　首先，非常感谢王晓彦的合作老师马龙龙老师，是马老师长期对消费的关注，引导她也开始关注我国城镇居民以及北京居民的消费问题。北京是一座充满消费活力的城市，特别是在文化消费方面独具魅力。悠久的历史文化赋予了北京文化消费以独特的魅力，这是最终选择以北京的文化消费为选题的动力和原因。

　　感谢李智老师在书稿完成过程中给予的帮助。他不仅在研究过程中为我们提供了研究资料方面的支持，还在我们研究过程中遇到一些困难时提供了许多慷慨帮助。

　　感谢陈闲颖老师，与她共同进行的城市文化竞争力指标的研究，对我们深入思考研究有很大的帮助。

　　感谢刘建利、陈蕾、曲词、鲁金萍等每一位陪伴我们经历这段研究过程的朋友们，有他们的陪伴，我们的研究过程充满了快乐。

特别感谢所有支持过、帮助过、批评过、鼓励过和理解过我们的人们！

最后，感谢北京这座城市给我们的灵感、包容与磨砺！

王晓彦　胡德宝

2017 年 7 月 31 日于北京